创新思维与教育教学管理研究

胡艳兰　著

九州出版社
JIUZHOUPRESS

图书在版编目（CIP）数据

创新思维与教育教学管理研究 / 胡艳兰著 . -- 北京 ：

九州出版社，2024.6. -- ISBN 978-7-5225-3349-0

Ⅰ . G42

中国国家版本馆 CIP 数据核字第 2024XW7830 号

创新思维与教育教学管理研究

作　　者	胡艳兰　著	
责任编辑	李文君	
出版发行	九州出版社	
地　　址	北京市西城区阜外大街甲 35 号（100037）	
发行电话	（010）68992190/3/5/6	
网　　址	www.jiuzhoupress.com	
印　　刷	河北文盛印刷有限公司	
开　　本	787mm×1092mm　　16 开	
印　　张	11	
字　　数	240 千字	
版　　次	2024 年 6 月第 1 版	
印　　次	2025 年 1 月第 1 次印刷	
书　　号	ISBN　978-7-5225-3349-0	
定　　价	45.00 元	

前　言

当前，高校教育教学管理正站在新的历史起点上寻求进一步革新。在这一时代背景下，思想理念的调整与转变均推动教育教学管理工作的创新与细化，进行对应的调整为我国培养专业性、综合性人才、保障人才资源供应均能够打好坚实的基础调整。高校应密切关注并认真分析社会发展环境，并结合时代发展趋势制定出相应的管理方案，以此适应社会发展出现的一系列新变化新情况，使高校教育工作者能够抓住时代机遇。

本书共有八章。从创新思维与教育教学管理概述为研究切入点，重点论述了教育教学管理的综合职责、课程内容、信息化学习；探究其教育教学管理制度创新、创新机制、人才培养以及教育教学管理的发展。本书实用性和时代性较强，旨在提升高校教育教学的管理的质量。第一章概述了教育教学管理基本内容、性质与意义、创新思维与创新精神；第二章研究了教育教学管理的综合职责，探析高校教育管理的作用；第三章研究了创新教育教学课程内容管理，论述了课程管理的原则与意义、发展策略；第四章探究了教育教学信息化学习创新和具体学习方法；第五章探究了教育教学管理制度创新，分析教育教学管理制度与制度创新措施；第六章研究了教育教学管理的创新机制，分析了创新机制的内容以及管理模式的变革；第七章研究了教育教学人才培养质量管理；第八章对创新思维教育教学管理的发展做出了展望。

本书的写作汇集了作者辛勤的研究成果，本书在写作过程中，虽然在理论性和综合性方面下了很大的功夫，但由于自身知识水平的不足，以及文字表达能力的限制，因此本书在撰写的过程中，参考、借鉴、引用了国内外知名教育专家学者们的学术著作、期刊论文等研究成果，在此向专家们表示诚挚的谢意，所使用资料大部分已在文后的参考文献中标注来源，如有遗漏还望相关专家海涵，作者在此再次向相关专家学者们表示诚挚的谢意与敬意。

本书由胡艳兰撰写，朱友林对整理本书书稿亦有贡献。

目　录

第一章　创新思维与教育教学管理概述

第一节　教育教学管理的基本内容

一、教学管理的组织系统

教学管理组织系统是教学管理群体为共同目标的达成，利用权责分配，层级统属关系与团队精神构成的可以实现自我发展与调节的社会系统，用于解决谁管理与如何管理的问题。管理体制是指组织机构安排，隶属关系与权责规划等组织制度体系化建设。要想充分发挥教学管理组织功能，就要从根本上优化管理体制，促进组织结构的科学合理建设。管理系统属于结构性关系组织，是组织成员彼此行为关系构成的一个行为系统，更是一个随时代变迁而调整适应的生态化组织，更是成员角色关系网。教学管理组织建设的根本目的是要构建全面科学的教学管理系统，构建质量管理系统与运行机制，更好地为广大师生以及教育教学工作提供助力。高校要构建教学管理组织系统，保证该系统工作可以顺利高效地开展，灵活创新地运行，一定要打造高素质的教学管理队伍，明确机构设置，确定岗位责任。

二、教学管理的本质

从本质角度上进行分析，教学管理是在高等学校系统中，以教学子系统为研究的管理对象，组织应用有限资源，科学安排教学过程，优化资源配置，提升教学效益。

三、教学管理的基本任务和职能

从基本任务上看，教学管理需要严格遵照教育教学规律，搞好教学管理系统规划，运用现代科技和现代化管理方法对所有教学活动实施动态和目标性管理。与此同时，强调要发挥管理协调的巨大价值，调动各方参与主动性，确保人才培养进程当中教学任务顺利完成。

教学管理职能主要是"决策、规划，组织、指导，控制、协调，评估、激励，研究、创新"，这些职能之间有交叉，同时也有着密切的内部关联，共同构成了一个有机整体。①

四、教学管理内容体系

做好教学管理，提升管理质量，其核心在于管理者清楚知道要管的内容，重点管的内容以及如何能够管理好。教学管理本身是一个整体，教学管理内容体系，从多元化角度出发进行体系框架的表现。就教学管理，业务科学体系而言，可以归纳成为四项，分别是教学计划、教学运行、教学质量管理与评价、教学基本建设管理这几个部分。如果将教学管理职能作为划分标准的话，包含控制协调、评估激励、研究创新、决策规划、组织指导。从教学管理层次与高度层面上进行分析，涵盖教学改革、教学建设与日常管理这几个部分。

（一）教学计划管理

人才培养方案是学校为了提升教育教学质量，确保培养规格的关键性文件，是安排教学活动，设置教学任务，维护有序，教学编制的依据所在。教学计划是在教育部宏观指引之下，由学校组织专家自主制定完成的，所以每个学校拥有很高的自主权。教学计划在确定之后必须全面贯彻落实。教学计划管理核心在于合理设计人才培养蓝图，要求学校在企业中注入极大精力，开展基本调查研究，尤其是获知新的教育观点、教学内容、培养模式等方面。②需要将学校本学科专业的学术教学带头人、骨干教师先进行课程结构体系的研究。只有保证课程结构体系的优化与全面，将人才培养的总体规划进行有效定位，才能够为优秀毕业生的培育奠定坚实基础。其中特别要注意，在制定了教学计划后，必须严格贯彻，切忌

---

① 张茂红，莫逊，李颖华著.高校教育管理与教学研究［M］.北京：台海出版社，2022：115—116.

② 林海燕著.教育管理的创新思维与模式探索［M］.北京：中国原子能出版社，2022：121—122.

随意散乱。

（二）教学运行管理

教学管理基本在于利用规范化管理确保教育教学活动顺利有序地运转，提升教学水平。教学运行管理是围绕教学计划落实开展的教学过程与有关辅助工作的组织管理。教学过程指的是学生受教师引导下的认知过程，还是学生利用接受教学活动的方式，收获综合发展能力的过程。高校教学过程在组织管理方面的特征，最为明显的是：第一，大学生学习自主性与探究性特征明显。第二，坚实基础学科教育根基上的专业教育拓展。第三，教学科研不断整合。以这些特点作为重要根据，教学过程组织管理，特别要做好课程大纲的设置；设计组织管理内容、程序、规范要求等，以便对教学过程进行检验。

（三）教学行政管理

教学行政管理是学校、二级学院、教学系部等教学管理部门结合教育规律与学校规章行使管理方面的职权，对教学活动与有关辅助工作实施科学化组织、指挥、协调调度，确保教学稳定持续运转的协调过程。

（四）教学质量管理与评价

教学质量这个概念具有很强的综合性，判断教学质量水平指标应涵盖教学、学习与管理质量的综合性指标，才能够得到客观准确的评估。教学质量是不断渐进累积的产物，是动态与静态管理整合形成的，所以要关注动态与过程管理，实现过程与结果的统一。革新教育思想，提升教学水平，是做好教学质量管理的基础前提。要做好质量监控，设计全程质量管理，构建与校情相适应的质量监控体系与运行机制，首先必须对质量监控概念、要素、组织体系等进行梳理，认真研究质量监控与保障的全部有关问题。高校要积极围绕核心，构建科学化与可操作性强的质量管理模式。

五、高校教育管理的理论思想

（一）高校学生教育管理的理论根据和指导思想

管理科学化在提升管理效率与教育质量方面意义重大。管理科学化的实现，依赖于与客观实际相符的，人性化与规范化管理制度，而以上所有均离不开科学管理思想。科学化的管理思想总共有三个层次，分别是认知理论的管理思想、管理遵照的基本原则与实践中运用的方法。

1.管理思想

管理思想是关于管理的观点、理论或观念，管理思想能够对管理实践以及重要指导作用，思想是行动的先导。管理思想会伴随社会和管理实践的产生、发展与变化而发生改变。

高校学生管理是教育管理的重要组成部分，管理思想应该和教育管理思想一致，均为复杂综合的重要理论课题，也应确定理论前提，与一定的思想理论进行紧密关联，以便确定基本方向。站在哲学的角度进行分析，高校学生管理思想主要包括：

（1）运用相互联系的管理思想

高校学生管理属于社会现象，具有很强的综合性与复杂性。假如站在宏观角度上研究的话，高校和社会、家庭乃至于整个时代都是存在密切关联的，广大高校学生也不是孤立和隔绝于世的，因此高校学生管理会涉及社会、家庭，影响时代的同时也受时代影响或制约。

站在微观角度上进行分析，高校学生管理的各个要素之间，存在着彼此联系与制约的关系。比方说管理和教育间的关系，管理和服务之间的关系等都互相影响与制约。

（2）运用动态平衡的管理思想

管理是一个系统性过程，该过程处在持续不断地发展变化过程中，不单单会受政治、经济、文化等诸多要素的影响，还受高校本身诸多因素的影响。所有都处在不断变化的过程中，管理工作也是如此，为在发展过程中不断完善与进步。另外，被管理者以及被管理者的思想行为、人格等也会在学生管理过程当中发展完善。因而将动态平衡管理理念应用到管理实践当中，就要用哲学当中发展的观点，做到与时俱进，立足现实，着眼未来，探究新情况，解决新问题。

（3）运用对立统一的管理思想

高校学生管理实践活动当中包含着多元化的矛盾关系，因而要借助对立统一的管理思想，处理问题与矛盾。例如，管理者和管理对象间存在着矛盾，要用对立统一思想指导管理实践。

（4）运用实践探索的管理思想

实践是检验真理唯一标准，而实践又是获取正确认识的主要来源。高校学生管理具有极强的实践性，同时对操作性能提出了极高的要求。所以在推进高校学生管理时，必须树立实践意识，培养探究创造的勇气，在实践当中把经验抽象为理论，以便更好地指导学生管理实践。不断反复以至无穷，促进学生管理全面进步。

2.指导思想

在对我国高校学生管理进行指导思想研究的过程中，需要特别注意运用以下观点与思想：

第一，想要保证研究工作质量，首先一定要明确给谁培养人才和培养怎样的人才这样的问题。我国社会主义大学的性质决定高校培育出的人才要具备扎实科学文化知识与健康的身体素质，要有极高社会主义觉悟。要完成四有新人的培育目标，就要严格根据马克思主义人全面发展教育思想，推动教育发展。马克思主义教育思想和些许有关于人全面发展的学说。有效培育德智体美劳全面进步的优秀中国特色社会主义事业建设者与接班人最重要的教育方针，也是马克思主义理论精华具体应用的表现。我们要把培养全面发展的"四有"人才作为教育根本任务和落脚点。

第二，要利用对立统一观点，明确管理整体观念。从纵向上看，并使整体观念使局部与整体统一，从学生管理工作整体系统的角度上看，构成有机整体的每个部分都是支系统。学生管理系统整体功能最终是局部组合形式决定的，虽然局部拥有特定功能，但都应服务于系统整体目标与功能，局部要素要以整体目标为基准建立起来。从横向上看，秉持整体观念是处理局部间分工合作一致性，将各部门进行有效协调共同为培育全面发展人才的管理目标服务。

第三，利用高等教育与现代科学管理理论指导学生管理，推动管理科学化。现代治校理念要求，要运用现代科学进行学校与学生的管理。具体而言，一要靠教育科学，遵照教育内外部规律办事。例如，高等教育规模是受经济基础决定的，又会反作用于经济基础。高等院校是高等教育的重要平台和有效载体，如今人才竞争激烈程度逐步增加，市场化竞争更是空前激烈，思想观念、结构、体制等多个方面都出现了一系列的改革。高校一定要过好时代脉搏，面向市场办学。高校学生管理要持续不断地进行，新情况的研究与新问题的解决，面向新时代培育复合型人才。而要靠现代管理科学理论方法完成管理活动，确保学生管理组织机构完善，管理制度健全，人员责任，岗位分工恰当，职责明确，奖罚分明，动作协调一致，管理高效。运用现代管理科学指导学生管理，主要是对基本原理进行应用，主要包括人的能动性、规律效应性、时空变化性、系统整体性的原理。在具体的管理实践当中，一定要促进组织系统化建设，决策科学化发展，方法规范化进步与手段现代化改革。

（二）高校学生管理的原则和基本方法

原则是客观规律反映，是观察与处理问题的根本准绳。社会主义大学管理的重要原则是学生管理内在规律的体现，不是主观臆造的。在整个学生管理体系当中，管理原则地位十分关键，有承上启下的作用，为管理目标与实现目标手段搭建了桥梁，是运用有效方法推进管理实践的根本要求。管理原则与管理目标、过程、方法、制度、管理者等要素当中，存在紧密关联，同时处在指导地位。

1.高校学生管理的基本原则

（1）学生管理工作方向性原则

管理是有目的的一种实践活动，实际管理工作一定要具备方向性。把社会主义方向作为根本准绳，是我国学生管理的本质特征。我国是社会主义国家，所以要将高校变成社会主义性质育人平台。社会性质形成了对学校性质的制约，所以决定学校所有管理活动的性质，高校学生管理一定要坚持党的领导，走社会主义道路，为社会主义现代化建设培养造就大批合格人才，这是高校学生管理最根本和最重要原则。

（2）理论与实践相结合的原则

理论与实践相结合，坚持实践是检验真理的唯一标准，是马克思主义基本原理，更是高校学生管理基本准则所在。有效领悟与把握马克思主义科学与有关管理原理，掌握其精神实质，是做好学生管理的基础与前提条件。但管理原理，应用范围与实际价值会受诸多因素制约。共产党和国家在社会主义现代化建设的过程中，拥有基本教育方针政策，在不同时期会结合差异化的特征，提出具体方针政策与实际要求。这些方针政策与实际要求，应该在高校学生管理的措施方法中进行有效体现。但是学生管理科学化，还要坚持从本校实际出发，考虑学生的实际特征，制定出针对性强的方法策略。

（3）行政管理与思想教育相结合的原则

行政管理在培育社会主义合格人才的进程中，作用巨大，给教育实践提供了重要的规范与纪律保障，但具体高校学生管理是借助规章制度与行为规律等科学指导与约束学生思想行为。这些制度措施以及纪律表现在社会和高校集体意识对高校学生的要求，还体现在对高校学生行为的外部限制。所以，单一借助管理制度解决高校学生群体复杂精神领域问题不实际，同时也违背了实际规律。正确管理措施的制定落实，一定要把提升学生认知能力，提高学生遵章守制自觉性当作是基础前提。自觉遵章守纪来自拥有科学正确的认知，离不开科学化的教育实践。只有利用科学合理的思政教育方式，才能够提升学生纪律执行自觉性，有效提升管理质量与效率。

（4）民主管理原则

社会主义高校学生管理体系当中一项非常关键的内容，是要对学生进行自我控制与管理能力的培养，使得学生能够在管理实践当中拥有主人翁意识，积极主动地参与管理活动，充分调动学生的主观能动性。为了保证学生自主管理的实现，一定要在学生管理当中落实民主管理原则，保证整体目标的达成。

就高校学生心理发展的特点而言，大学生正处在心理自我发现的阶段，这个阶段学生拥有非常强的支配自我与环境的意识，他们思想行为和中学阶段的学生有着非常明显的差异，特别是在独立性方面，渴望个人人格与意志得到尊重。面对高校给出的规章制度，以及纪律等方面的内容，高校学生会主动思考其合理性，通常不希望被动服从，渴望直接参与到管理当中。结合高校学生的心理特征，一定要在学生管理中发扬民主，让学生既是管理对象，又是主体。在落实民主管理原则时，特别要关注党团员学生作用的发挥，合理选拔优秀学生干部。

2.高校学生管理的方法

高校学生管理方法是以管理原则作为有效依据，为保证学生培养目标的实现在具体管理环节运用的所有方法、步骤、途径、手段等，通常有以下几种。

（1）调查研究

经常性地调查掌握和了解学生的实际情况，有效选取针对性强的处理方法。在调查研究过程当中，一定要针对调查对象、目的、方法等内容，做好科学规划，不可敷衍了事。调查过程当中，必须做到实事求是，有效运用马克思主义立场、观点、方法，注重综合性的研究分析调查材料与调查事物。

（2）建立规章制度

在高校学生管理发展的建设当中，应该逐步建立科学化的管理制度体系，这是确保学生管理工作有据可循的基础。制度建设一定要与高校学生身心特征相符，同时要与整个的教育规律与学生管理目标相适应。与此同时，制度要伴随教育改革与进步，持续不断地进行健全，与此同时要维持相对稳定性。

（3）实施行政权限

结合学生管理目标、内容等制定规章制度与相关的行为规范，利用行政方法实施有效管理，通过有关管理部门与师生、员工共同监督检查的方式，促使学生集体或个人与管理目标相符。行政方法通常有惩治和褒扬这两种。在具体的管理过程当中，针对能够认真遵守相关管理制度，思想行为都与制定规范相辅的个人与集体，应该大力褒扬赞赏；对于违规违纪，思想行为，不符合管理要求的个人与集体要给出限制措施，同时要用严格制度惩治行为极度恶劣者。

（4）适当运用经济手段

经济手段实际上是补充行政方法的一个策略。在具体的学生管理环节，给予必要物质奖励，或者是物质上的惩罚，指的就是经济手段。选用经济手段并不表明行政方法难以确保管理工作的有效实施，是因为经济手段会直接触及学生物质利益，所以能够发挥极大的作用，而这个作用是行政方法无法代替的。在选用经济手段实施学生管理工作时，不能只关注经济手段奖惩，而忽略日常教育指导与行政管理。也不能只注重经济手段奖励优秀学生，忽略用同样手段处罚指挥违纪学生。更不能只关注处罚而忽略奖励，否则会直接影响到经济手段作用的发挥。

第二节　教育教学管理的性质与意义

一、教学管理的特点

教学管理在高校管理实践当中占据不可替代的地位，同时管理活动带有明显的特殊性，这也决定了教学管理有以下几个明显特点：

（一）教学管理的能动性

能动性是教学管理的一个显著特点，此处指的是人的主观能动性。教学管理主要对象是师生，是否可以有效调动师生积极性，是衡量教学管理质量的关键标准。在整个教学管理体系当中，师生拥有双重身份。教师在对学生进行教学指导时扮演的是管理者角色，而教师在作为高校教育教学执行者时，属于管理对象。学生是学校与教师的管理对象，同时是自身学习的自我管理者。不管是师生扮演着怎样的角色，承担着如何的身份，都有主观能动性。

（二）教学管理的动态性

动态性指的是教学管理各环节均处在动态发展进程当中，比如人才培养方案，要跟随社会经济变迁而不断地更新完善，教学质量评价系统要伴随建设内容改变而更新。正是在持续不断的总结提升和动态化的协调处理当中，才能使教学管理水平与质量螺旋上升。

（三）教学管理的协同性

教学管理担当的重要任务是协调学生个体与学校、教师之间的关系，有效发挥师生个性，推动个人与集体的协同进步。

（四）教学管理的教育性

教学管理者利用科学制定管理制度，优化管理过程，设置奖惩制度等方式，指导学生进行自我教育与管理，推动学生自我服务，最终实现育人目标。

（五）教学管理的服务性

高校中心工作在于育人，教学管理要紧紧围绕教与学，并为其提供良好的服务。树立正确服务意识，是对教学管理者提出的根本要求。

二、教学管理队伍的结构

教学管理队伍既要有教学管理经验丰富的中老年专家，又要有充满活力、信息技术强的青年骨干；结构上非本校人员应该占多数比例，有利于发挥不同的管理思想，承担重要岗位工作的教学管理人员应有基层教学管理工作经历。

三、教学管理的重点

（一）注重提高教学管理人员职业道德和业务能力

学校方面要切实意识到教学管理者在学校长远发展建设当中，扮演的角色和发挥的不可替代作用，有效培育其思想政治素质，使其树立事业心与责任心，始终秉持奉献精神。

教育管理者所处位置非常关键，发挥承上启下作用，担当上传下达的责任，不单单要贯彻落实上级部门给出的工作安排与文件精神，还必须协调组织教学管理活动，同时还要面对教师，处在和学生沟通互动的前沿，这样的工作定位与职责呼吁教学管理者要具备职业道德与高度责任意识。

高校教学管理的一个重要特征是层次化管理，既有独立，又有彼此的团结配合。只有具备团队协作精神，懂得如何合作和协调，才能够全方位处理好实际工作，做好分工，有条不紊地解决好诸多问题。再次要有极强业务素质能力。教学管理者，业务水平与能力素质是独立开展教学管理工作，有效突破实际难题，完成各项管理任务的根本。学校方面要关注教学管理者业务素质水平的提升，使其能够熟练把握，以及运用好高等教育的专业化知识，把握教学管理基本理论与专业知识，有效评估教育教学的发展态势，协调不同部门与不同因素之间的关系，推动信息的顺畅流动，革新管理策略，全面提升管理水平；从实际出发开展教育科学研究和实验活动，有效推动教育管理现代化与科学化。

（二）正确处理教学管理与教学质量的关系

教学管理是学校针对教学工作不同环节开展的管理活动，结合既定管理目标与原则对教育教学实施有效调控。教学管理各环节均与教学质量存在着密不可分的关联。教学管理涉及的内容非常广泛，从教学质量评价系统来看，包括培养方案、教学计划的制订、教学任务的安排、教学跟踪监测、信息收集、信息统计分析、质量评价等内容。与此同时，要特别注意结合反馈信息以及评估获得的结果进行教学计划的革新调控。每一项具体工作又会包括很多不同的方面。教学管理一定要紧紧围绕全面提升教学质量这个中心工作实施，高校应该全面革新与健全教学管理体制，积极建立有助于新型人才培养的教学管理制度。

（三）正确处理教学管理人员与教师教学任务的关系

教学管理者与教师共同担当着教育使命，前者以整合利用教育资源为主，教师以传播知识和启迪思想为主，管理育人与教书育人相辅相成，二者存在互相影响与作用的关联，属于同个目的之下的不同层面，主要体现在：

第一，教学管理者是衔接教师和学生的纽带，负责协调处理二者之间的矛盾问题，有效营造优质的教学环境，确保教学和学习活动的有序开展。

第二，教学管理者利用整理分析教师教学质量信息，反馈教学和学习的实际情况，合理给予出科学化评定。检查考核，教师教育教学当中体现出来的学术与教学水平，评估其敬业精神，归纳评估教师是否认真完成了教育任务，给出的指标和规划，促使教师结合社会发展与市场需要，提升教学水平，培养高质量人才。第三，学管理者与教师共同参与学校各项事业的建设过程中，如课程建设和教材建设等。利用对教学的调查研究与分析工作，提出改革和优化教学的方案计划。第四，大学管理者给教师提供教育教学方面的帮助，营造优良教学环境，促使教师可以集中注意力投入教学活动当中。

（四）注重教学管理与教学研究的关系

教学管理是一项系统性工程，需要长时间的建设与积累。高效完成日常教学管理，维护教学秩序，只是完成了第一层次工作，仅仅标志着拥有了良好的工作基础与教学环境。要想真正提升人才培养质量与教学管理质量，还必须积极促进教育教学研究工作的开展。大量教育实践表明：关注教育教学研究的高校，其教学工作的指导思想明确、目标选择恰当，能审时度势，从国情、校情出发确立新思想、新思路、新措施、新制度，教学工作和管理工作处于高质量状态。教学管理和教学管理研究开展较差的学校，其教学改革往往比较落后，抓不住教学改革的重点与核心。结合这样的特征，要特别关注教育教学研究工作，把握好提升教学管理效益与质量的关键点。

四、高校教育管理的重要意义

教学管理是高校教育工作的重要组成部分，对培养高质量的人才起着重要的作用。教育部原部长周济在第二次全国普通高等学校本科教学工作会议上指出：当前加强教学工作的主要任务和基本举措是加大教学投入，强化教学管理，深化教学改革。这既需要各高校结合本校实际，健全和完善各项教学工作规章制度，还需要采取措施，确保各项规章制度严格执行。高校实施先进有效的教学管理，离不开高素质的教学管理人员。只有具备一支业务能力强、创新意识强、实干精神强的教学管理队伍，高校的教学管理水平才能不断地提高。

（一）教学管理人员具备的素质能力

现代教育要求高校教学管理必须适应时代的发展，对在第一线的教学管理工作者提出了更高的要求，要求他们具备多方面的综合能力和素质，具体表现在以下几个方面。

1.具备高尚的道德素质

良好的道德素质是搞好教学管理工作的基本条件。高校教学管理人员的道德素质如何，直接关系到学校教书育人的成效。"学为人师，行为世范"，教学管理人员应以自身的思想、学识和言行以及道德人格力量直接影响学生，做到管理育人。

2.具备强烈的责任心

教学管理工作既有较强的连续性，又会遇到新情况、新问题；工作头绪多，任务重。强烈的责任心能产生工作主动性，是教学管理人员必备的品德。如每学期的期末考试，从安排、组织考试，到上报各种考试报表，再到各科试卷、成绩单的整理归档，每个环节都必须认真负责，才能较好地完成工作。

3.具备扎实的业务知识素质

首先，要掌握系统的管理学知识。随着教学体制改革的深入，教学管理人员应掌握系统的管理学知识，按照管理规律办事，采用科学的管理方法，合理地分配人力、物力、财力，提高教学管理工作的效率。其次，要掌握相关学科知识，这是搞好教学管理工作的基础。院级教学管理人员应了解本院各专业的培养目标、课程体系及各教学环节的有关内容。再次，随着科学技术的飞速发展，办公自动化的程度越来越高，教学管理人员应学习和掌握相关的信息手段与技术，如掌握学籍管理系统、教材管理系统、教务管理系统、教学评估系统、毕业证书管理系统的应用及有关日常文书处理软件的使用等，促进教学管理方法的创新，保证教学管理工作的规范化、科学化和现代化。

4.具备较强的工作能力素质

能力是使教学管理活动顺利完成并获得预期效果的基础和保障，能力培养和提高甚为重要。一名优秀的教学管理人员应具备一定的组织管理能力和较强的协调应变能力，利用现代化设备获取信息、处理信息的能力，较强的调查研究能力及团队协作能力等。这些能力是教学管理人员准确评估教学的发展趋势，协调各教学单位间相互关系，促进教学信息良性流动所应该具备的基本素质能力。

（二）教学管理的重要性

从世界高等教育的发展趋势看，深化教学管理是当今世界高等教育发展趋势的客观要求。提高人才培养质量是世界各国面临的共同课题，高等学校都在思考"21世纪的高等教育应该如何发展"。严格规范的教学管理，特别是加强教学质量的控制是提高高等教育质量的重要保证，向管理要质量是教学改革的重要任务之一。

（三）管理队伍建设的意义

建设一支综合素质过硬的教学管理团队，是有效提升高校核心竞争力的重要举措。加强教学管理队伍建设是提高人才培养质量的重要手段。人才培养是高等学校的根本任务，质量是高等学校的生命线。为全面提高人才培养质量，必须强化教学管理，深化教学改革，积极推进教育创新，尤其要推进人才培养模式、课程体系、教学内容和教学方法的改革，促进传授知识、培养能力、提高素质的协调发展。教学管理人员是深化改革、推进创新的主要策划者、实施者和监督者，教学管理队伍的水平直接决定了学校教学改革的广度、深度和力度。所以，提高人才培养质量必须要加强教学管理队伍的建设。

第三节　教育教学的创新思维与创新精神

创新是指在现有思维模式的基础上提出有别于常规或常人思路的见解，利用现有的知识和物质，在特定的环境中，本着理想化需要或为满足社会需求，而改进或创造新的事物、方法、元素、路径、环境，并能获得一定有益效果的行为。培养大学生创新能力与思维，就要求学生能够系统地学习专业知识，进行一定的专业训练，掌握相关的理论、知识与方法。经过学习和社会实践，使大学生养成独立思考的习惯，找出现有知识和技术的不足之处，不断提出新问题。高校培养创新人才要转变以往的教育思想，如以学科为中心、以智力教育为中心、以继承为中心等。在教学实践中，重点培养学生积极思考、大胆质疑的创新思维方法，激发大学生的学习兴趣，培养其科学批判精神和创新意识。

一、创新型人才培养模式的转变

在进行教育实践的过程中，形成了多种规范，如设置专业的标准、学科专业的培养目标与要求、各学科知识的学习与教授、课程内容和体系、教学方法和手段等。高校人才创新包括多个方面：办学理念和育人理念的创新、人才培养模式的创新、课程内容和体系的创新，教学方法和手段的创新，大学创新精神、创新文化培育等。通常情况下，创新以规范为基础，而规范则以创新为目标，两者关系密切。没有规范就没有创新，没有创新规范也就无法立足。全面提高创新人才的培养质量，高校要从改革现有的人才培养目标和专业设置入手，夯实专业基础知识，加强教学实践活动，将人才培养付诸实践，培养具有特色的专业型、综合型人才。[①]

创新型人才指富于开拓性，具有创造能力，能开创新局面，对社会发展做出创造性贡献的人才。通常表现出灵活、开放、好奇的个性，具有精力充沛、坚持不懈、注意力集中、想象力丰富以及富于冒险精神等特征。他们本身具备创造性思维和相应的能力，善于独立自主地发现和解决问题，并发表新颖的观点。随着我国经济的发展，创新型人才的地位越来越重要。这既是建设创新型国家的前提，也是各大高校所要面临的问题。应试教育认为知识多就是能力强，教育一直追求的也是向学生传授更多的书本知识。然而，知识并不是最关键的，创新能力需要的是兴趣、想象力与观察力。从这个意义上说，知识的多少并不能说明能力的强弱。

目前，高校要集中精力进行创新人才的培养，就必须转变教育模式和教育方法。首先，转变以知识传授为中心的传统教育模式，注重培养以创新精神为核心的教育理念。当然，知识的传授是培养创新人才的基础，没有知识创新就成了无源之水。但在传统的教育体系中，有一些课程已经不再新颖甚至有些陈旧，评估标准以及考试制度也一味强调学生对知识的接受，某种程度上扼杀了大学生的独立性。[②]这种观念严重束缚了大学生独立思考的精神，只是将学生视为接受知识的机器。所谓的创新型教育，立足于鼓励学生大胆质疑，对以往的知识能够提出自己的见解，真正做到与时俱进。在进行创新型教育时，应提倡启发式教学、互助式教学，师生共同参与到课堂中来，一起探讨，发挥学生的特长，激发学生们的兴趣。其次，要转变以往的教育理念，树立各方面协调发展的教育理念。创新固然离不开智力的发展，但离不开一个人主观能动性的发挥。创新的过程需要不断地追求与探索，还需要源源不断的动力。爱国的情感、责任心和事业心，都可以成为创新人才的动力。爱因斯坦认为有三种典型的科学家类别，分别是功利型、爱好型和信念型。功利型科学家通常是为了追求名利而进行研究，不会在科学研究的道路上走得太远。由于个人喜好而加入科学研究行列的人通常能够取得较大的成绩，唯有第三种人最富有开拓创新的精神，也能够在科学研究中取得巨大的成就。最后，尤其要注重实践，在科研创新的实践中磨炼自己。大学生要自觉进行实践活动，这里的实践既包括社会生产实践，也包括教学科研实践。实践的基本形式有生产实践、处理社会关系的实践和科学实验。它在人才创新培养中有着不可忽视的作用。

---

①林海燕著.教育管理的创新思维与模式探索［M］.北京：中国原子能出版社，2022：25—27.

②方敏主编.教育创新［M］.北京：首都师范大学出版社，2019：13—15.

著名科学家钱学森认为，现在的中国的教育之所以发展缓慢，原因之一就是缺乏能够培养创新型人才的大学。缺乏独创性的知识，因此造成创新型人才的匮乏。这就触及高校培养人才的教育模式。现代教育方式的变革应以培养创新型人才为核心，集中精力培养大学生的实践能力和创新能力。

二、创新人才培养模式的构建

建设创新型国家需要培养大量的创新型人才。建立创新型人才培养模式，应从以下几个方面入手：第一，以人为本，落实党的方针和政策，全面推行素质教育。创新型人才培养模式的核心就是要培养全面发展的人才。正如马克思所说："实现每个人自由而全面的发展。"第二，解放思想，实事求是。高校要从时代的发展变化出发，根据客观现实，调整自己的思想和观念，培养出与时俱进的人才。第三，要尊重学生成长和发展的客观规律。创新型人才培养模式尊重学生成长规律，是学校发展的必然选择。在尊重学生身心发展的客观规律的基础上，高校教育必须充分考虑人的主观能动性，既要把学生看成教育活动的客体，更要把学生看成教育活动的主体；既要发挥教育的主导作用，又要尊重受教育者的主观能动性。在此过程中，教师要提升自身的创新能力，让创新体现在整个教育工作中。第四，将理论与实践结合，培养大学生的动手能力。大学生要敢于走出校园，在社会中磨炼自己，并善于运用所学的理论知识接受实践的洗礼，让理论更好地服务于实践。第五，创建有利于人才成长的学校环境。各高校应鼓励学生进行创新，并为学生自主创新创造条件、提供平台，激励他们在尝试中体会成功和失败。第六，联系实际，紧跟经济和社会发展的步伐。培养创新型人才既要了解经济发展的现状，也要能准确预测经济和社会发展的趋势。创新型人才的培养要与创新型国家的建设、全面建成小康社会的需求紧密结合起来，也要与知识经济与科技发展的速度，与不断更新的政治、经济与文化联系起来，在变与不变中逐渐前进。①

---

① 班秀萍，叶云龙.全面质量管理与高校人才培养［M］.长春：东北师范大学出版社，2017：211—212.

第二章 教育教学管理的综合职责

第一节 高校教育管理的作用

高校是实施高等教育的社会组织，主要功能是做学问、传授知识和服务社会。由于高校内部学科和学术活动具有相对独立、相对自由和松散的本质特点决定了高校本质上是一个相对独立、松散的联合体。结合我国悠久历史文化传统的特殊需要，我国大学可以归纳为"人才培养、科学研究、社会服务、文化传承创新"四项基本职能。从四项基本职能中可以归纳为教书育人是目的，科研输出是手段，个性发展是理念，服务行政是模式。

一、突出育人

高等教育承担着人才培养、科学研究、服务社会、文化传承创新四大职能任务。推动高等教育内涵式发展首先需要处理好人才培养与科学研究的关系。人才培养是高等教育的根本使命，在四大职能中居于核心地位，包括科学研究在内的高校一切工作都要服从和服务于学生的成长成才。人才培养的是人才素质，包括人格、知识、能力和体质，即"德智体美"。大学的核心功能是培养全面而自由发展的人才，塑造符合我国发展的合格社会主义建设人才，这是我国高校现代化建设的社会使命和至上原则。[①]

首先，建立以学生为服务之本的高等教育质量评价体系，把高等教育的传授

[①] 张茂红，莫逊，李颖华著.高校教育管理与教学研究［M］.北京：台海出版社，2022：33—35.

重心放在学生身上，从关注学生成长和体验出发，通过学生自主学习知识和全方位考察评价授课质量等确定为高等教育教学评估考核的重要内容。培养学生具有开拓精神、竞争能力，具备复合型知识，满足市场经济发展需要。其次，高校教师有必要参与社会实践，加深自身与社会需要的亲身体验，打破高校教育内部自我封闭的认识局限。高校教师学者的社会需求体验和实践一方面可以提高学者解决实际问题的能力，丰富教学素材，将社会急需技能传授于学生；另一方面可以使学者和学生对社会需求的认知更为切合实际，注重树立学生创新能力观念培养、终身教育观念培养、基本学习能力观念培养，以学生为本的教学创新。再次，高校必须研究社会需要的各级各类各层次人才的素质结构和能力需要，为人才的社会输出提供品德培养、技能服务、智力保障、素质完善，以实现知识价值的社会转化效能，实现科学技术是第一生产力的理论与实践的无缝对接。

二、注重科研

高校科研输出的最大化取决于高校科研管理人员的自身素质建设，涵盖知识素质、管理素质、伦理素质和服务素质等，这都需要高校完善的科研培养培训机制为保障，赋予科研管理成果转化享有权，激励科研输出的主动性。科研管理职能在通过社会输出实现科技转化的过程中需要努力实现四个能动即能动策划、能动组织、能动跟踪和能动管理。强化科研课题设计和项目申报策划，强化科技成果转化和报奖的策划意识，强化科研部门跨学科的创新团队组建，强化社会合作企业的技术成果转化平台推广，强化科技推广的跟踪机制，强化基础研究与应用研究的有效融合。高校需要牢固树立人才培养必须以高水平科学研究为支撑的观念，鼓励教师重点开展有利于提高教学质量、推动理论创新、服务经济社会发展的科学研究，并将研究成果及时转化为教学内容。还要正确处理好科研与教学的关系，树立科研为教学服务，科研和教学为社会服务的意识，提高高校的科研实力，提升学校的知名度和学术的名誉度。

三、坚持个性发展

从本质上讲，大学管理是知识和科技的创造性组织，尤其是在我国高等教育管理创新的社会环境形势下，大学管理需要开拓进取的创新精神。只有创新精神才能塑造和铸就具有内涵式发展的高校，从而培育出个性发展的个体和团体。[①]从

①许莲花、李印平、鲁美池著.高校教育教学管理创新研究［M］.成都：四川大学出版社，2023：45—46.

个体层面来讲，学生乃至学者，需要保持个人的思想独立、学术自由、民主平等。个性既是个体的整体精神面貌还是个体独有的心理特征，个性发展是个体独特性、创新性和主体性的实现过程。

首先，高校个体培养理想、健全人格。在个体的短期目标、中长期目标和远大理想树立和实现过程中，将个人价值、社会价值融于一体，通过高校文化载体和高校学术载体输入和输出，经过高校个体的努力奋斗和高校平台的支撑，致力于服务国家和社会的目的。培养集体荣誉感、团结合作精神、努力拼搏意识、热爱生活态度、严谨求知志向、无畏探索倾向、全面发展思路等个性心理特征，培养人文素养、社会责任、道德良知、兴趣爱好、体育活动等社会人格要素。

其次，高校个体培养创新意识和创新能力。个性发展是创新精神的基础，创新精神的目的是以人为本，以人为本的核心是个性发展。经过对高等教育知识接触、传授、探索和考究，高校个体结合个体兴趣和喜好，通过对知识真理的探求，势必带来创新活力和创新意识及能力的注入，高校个体的事业心、责任感和使命感便在个性的培养过程中自然而然形成。

再次，高校个体拓宽眼界、开阔思域。高校个体借助高校知识平台和高等教育交流计划，能够把握世界最先进知识的前沿，了解人类发展困境中的障碍，接受国内外先进思想知识的洗礼，总结归纳个体立志追求的方向，树立个体人生崇高理想的目标。最后，高校个体活力四射、自我约束。高校个体在身心健康发展的同时，抵御社会思潮的诱惑，完善自我约束，注入时间和精力，运用年轻活力和创新精神，争取个人价值的实现和社会价值的体现。

从学校层面来讲，高校需要树立自身的教育特色和人文底蕴。一是丰富高校自我精神。挖掘高校的历史文化传统，吸收现代大学的办学理念和思想精华，传承高校精神，明晰高校使命。二是树立高校独特观念。秉承高校校训，加强每届师生的校史教育，学习高校学术大师、学术大家的人格魅力和开创精神，尊重师德，传承高校先辈的奉献精神和学术追求，强化本校的责任感、荣誉感。三是健全高校文化制度。完善高校大学章程，推行制度创新，将高校精神和高校行为文化融入制度设计中，体现到师生行文中，用制度督导高校文化的自我渗透。四是完善高校标识建设。五是创新高校文化载体。运用高校事务如校庆、运动会、毕业典礼、新生入学等仪式，弘扬和传播高校独特文化内容。

四、着眼服务行政

服务行政是由原来的计划经济向市场经济转变过程中关于行政法的定位和作用的指导理念。

高校服务行政必须遵循有限性、法治性、民主性和有效性原则，树立以人为本的理念，重视高校学术权力的诉求，增强服务意识；通过沟通与协调的民主平等对话机制，致力于高校教育质量发展，推动高校学生的全面发展，紧密联系高校与其他社会组织的交流与合作；设计符合现实需要的行政服务管理制度，将高校自由发展权力归还于高校权力各主体，最终实现行政权力与学术权力关系的有效融合、行政权力与学术权力的相互信任、行政权力与市场权力走向良性互动。

高校服务行政必须协调学术权力与行政权力的相互关系。首先，二者的合理性需要兼顾。学术权力的独立行使是高校学术自由、民主管理、公平公正的建校根基；行政权力的管理履行是高校管理效率和运行秩序的基本保障。二者只有实现动态平衡和互助共享才能实现我国高校自主发展的目的。其次，二者权力边界需要明确。根据大学章程，建立相互分工、互相合作、相互制约的关系。再次，二者作为高校权力系统的内部构成要件，学术权力作为高校权力的基础，行政权力必须为学术权力服务。最后，高校的政治权力创造组织体制保障和构架，行政权力是"制度性权力"，学术权力是"权威性权力"，行政权力需要通过制度设计确保学术权力应有的地位和权威，实现政治权力的问责协调定位，发挥高等教育内部权力运转的畅通与高效。

第二节　高校教育管理的职责

高等教育管理创新作为一个系统工程，相互制衡的权力结构的构建是该工程不可或缺的子系统之一。对于整个高等教育管理的大系统来讲，内部与外部两个环境相互作用。外部环境包含诸多因素，比如国家和政府调控、人民和社会需求等等，但在这诸多因素之中，市场是核心和关键。经济体制创新是全面深化创新的重点，核心问题是处理好政府和市场的关系，使市场在资源配置中起决定性作用和更好发挥政府作用。让市场行使参与权是抓住外部环境中市场的关键、是发挥市场在高等教育资源配置中起决定性作用的重要举措。

一、参与权

从历史发展过程来看，市场权力在我国高校发展过程中处于遮蔽状态，主要通过学生报考志愿、报考专业、大学生就业等途径展示市场权力对高校发展的影响力，相对乏力。从历史发展趋势来看，市场权力在我国高校管理创新过程中发挥越来越大的软实力，持续走强。比如，逐渐形成了以公办高校为主、社会各界广泛参与、公办学校和民办学校共同发展的我国高校办学体制，实行市场机制的学费制度、就业环境和人才竞争；我国高校的专业、课程设置不断重视市场需求，公办高校与私立高校的竞争也风生水起。市场经济发展大潮中的经济意识、主权观念、竞争意识、自由精神、宽容态度、平等观念和共赢博弈正在我国高校不断上演。市场权力的构成主体是宽泛且多元，是我国高校自我体系外的多因素综合体全方位展示，有国家需要、社会需求、市场刺激也有国际化和全球化过程中的不断要求。[①]市场权力的参与权主要通过以下三个方面行使。

首先，市场权力要求高校教育服务质量贴近现实需求。我国高校毕业生数量在不断增加，近两年增速略有下降，但总量也创历年新高，毕业生就业压力大已成为不争的事实。学生就业情况严峻，高效的教育质量需要更加适应市场的需求和变化，重视学生参与市场经济活动的能力和条件，摒弃盲目以我为主的办学理念和不求思进的教育观念，需要发挥政治权力在我国高校发展中的调控权。

其次，市场权力要求打破创新高等教育服务。随着我国经济发展的不断进步和我国居民家庭支付能力的不断提高，高等教育资源作为最有潜力和最有回报的市场，对外交流的范围和深度正在我国不断增大。

最后，市场权力要求大学信息透明公开。信息公开是把知情权、参与权和监督权结合在一起。伴随着我国政治体制创新的步伐，更充分的信息不仅服务于保护消费者的目的，而且也可以提高生产者的效益。产品的质量信心可以激励生产者投资于质量改进，进而更好地在市场上进行竞争。我国近年来陆续有单位或团体发布我国大学排行榜，这种全面丰富的"消费者导向"排行信息公布，需要我国高校的学校声誉、学生保持率、学术研究成果、专业排名等多维度和多指标的权重展示，这些事关高校教育质量信息的大量公开需要我国高校行政权力发挥管理权和政治权力发挥调控作用。[②]

二、问责权

体现了高校所具有的政治性特点。我国高校构建合理制衡的权力结构，不是简单地剔除国家和政府对高校的控制权，而是为了以党委为代表的政治权力能够找寻适合自身的权力领地，正确发挥高校的"举办者"作用。

首先，明确党对高校的领导地位。高校的政治权力是国家权力在高校中的具体展示，决定着高校发展的基本性质，决定着高校人才的培养目标以及高校人才培养标准等重大课题。

其次，确保高校相对独立的办学自主权。高校政治权力实际是政府权力在高校的延伸和扩展，改变全能政府的管理理念和态势，向服务型和有限型职能转变，

---

①钟琴.教育管理理念与教学艺术研究［M］.哈尔滨：北方文艺出版社，2022：37—39.

②冉启兰著.教育管理理念与思维创新［M］.长春：吉林出版集团股份有限公司，2020：88—89.

赋予高校办学自主权，坚守政治权力应尽的权利和义务不越界。

最后，创新高校政治权力观念。在公共管理理念盛行的当下，我国高校的政治权力主体校党委也应顺应时代要求，勇敢迈向宏观调控理念。校党委将不再以统治者的身份来治理高校，而是合作者的身份。由事无巨细的微观管理演变为关注所有权力和权力主体的利益，鼓励教师、管理者、行政人员、学生、学生家长、社会用人单位、校友等人士有权参与高校治理，建立广泛吸纳各方利益的代表参与治理机构，使这些利益相关者平等参与高校治理。政治权力作为高校行政权力、学术权力和市场权力的体制保障，可以探索西方国家的高校决策联席委员会模式来调控高校行政权力运行和保障学术权力自由，通过市场权力的检验和反馈，创造符合时代要求和国家发展所需要的特色高校。

三、管理权

行政权力是确保高校运行效率和运行秩序的必要机制。高校行政权力管理权划定是为行政权力在高校运行过程中设置合理的权力边界，即通过以校长为首的行政管理人员的管理工作，提高学校履行职责的效率。高校的行政权力以校长为代表，主要体现在行政组织协调工作，其管理目的、管理运行方式及管理结果反馈都要求校长为代表的行政权力具有高校大局观，保证整个高效的运行有序，正确发挥高校"办学者"作用。高校行政权具有一元性特征，一所大学只能有一个行政权力系统，权力的运行是自上而下逐级实施，最后实现行政权力的目标。高校办学规模的不断扩大和内部管理的日益复杂都对行政权力的发挥带来了挑战。

高校的行政权力致力于实现人才培养、科技进步、社会服务、文化传承创新四大职能，可以通过两个方面来实现。一方面，代表国家和政府管理学校，发挥管理者职能，主要通过科研、教学来实现合格人才培育、人才智力发挥、研究型与实践型科技成果孵化等社会价值实现过程输出；另一方面履行高校内部自我管理的掌控者形象，主要通过协调组织机构运行、完善自我管理模式、提高高校内部资源配置、构建高校特色文化底蕴等自我价值实现过程流转。[①]上述行政权力管理职责活动原则必须以高校政治权力为依托，以学术权力为基础，以市场权力为标杆，实现高校的内涵式发展。高校行政权力履行要摒除高校行政化中不利因素，坚守高校管理章程所限定的管理权限，强化高校行政权力的服务意识，创造高校学术权力充分发挥的制度环境和人文环境，实现高校与政府、社会、市场的和谐

---

① 张燕，安欣，胡均法著.现代高校教育管理与教学创新研究［M］.天津：天津科学技术出版社；天津出版传媒集团，2023：112—113.

共处。

四、专业权

学术权力是大学精神的体现，是大学内在逻辑的客观要求，是大学本质特征的外化，也是建立现代大学制度的核心。学术权力是以高校学术委员会为代表，参与主体是高校教师，主要依靠学者自身的权威、采用自上而下的运行方式是高校权力的基础。学术权力意味着决定招生、考试、毕业和科研等方面拥有不可动摇的地位，就是让最有资格学习的人进入高校，了解他们是否掌握了知识，是否应该获得学位，是否有资格服务社会。行使专业权至少包括高校的课程设置、教学自主权、教育评价权和文凭认定权，这就需要高校成立学术委员会、学位评定委员会和教学工作委员会等高校内部团体组织来实现学术权力的独立行使。[①]

①刘思延.高校教育教学管理实践与创新发展［M］.哈尔滨：哈尔滨出版社，2021：3—4.

第三章 创新教育教学课程内容管理

人才培养是教育领域研究的重点内容，而课程建设与管理是实现人才培养目标的重要依托，也是高校教育教学育人管理的重要载体与主要渠道。本章分为课程与高校课程，现代高校课程管理的基本原则，现代高校课程管理的重大意义，现代高校课程管理创新发展的策略四个部分。主要包括：课程及课程管理概述，高校课程概述，现代高校课程管理的人本性、目的性、系统性等原则，现代高校课程管理的理论意义和实际意义，现代高校优化课程教材管理、实施人文引领的高校课程价值管理、创新高校专业课程管理的高校课程管理创新发展策略等内容。

第一节 课程管理

一、课程及课程管理

（一）课程

1.课程内涵

课程作为教育教学的中心环节，一直备受国内外学者关注，学术界对课程的定义也是众说纷纭，主要的课程内涵有如下观点。

（1）我国的"课程"这一词由唐代孔颖达最先提出，他在《诗经》注释中所说的"维护课程，必君子监之，乃依法制"，意指礼仪活动的相关程式。

（2）课程是指学生在学校获得的包括教学活动、教学进程、学科设置、课外活动以及校园文化在内的全部经验；也指一切有规定数量和内容的工作或学习进程。

（3）课程最根本的内涵是知识组织，课程就是知识体，教学内容经组织后所形成的每个"知识体"就是一门课程。

总结说来，广义的课程即指学生在校内习得的包括教育教学和课内课外活动、学习氛围和学校背景环境在内的所有经验，狭义的课程则专指与教学活动有关的学科及其关联活动的总和。[①]

2.课程结构

课程结构是课程内部各要素、各成分、各部门之间合乎规律的组织形式。课程结构作为课程实施过程中的纽带，存在于课程活动的各个环节，主要表现为宏观结构与微观结构两大类：宏观指的是课程总体设计的结构；微观结构则包括课程实施过程中各要素与成分之间的整体组合关系。在相关研究领域中，学者们多倾向于课程微观结构的研究。例如美国著名教育家布鲁纳和施瓦布都曾对课程结构进行研究。其中，布鲁纳（Bruner）的结构主义学科理论就更加倾向于研究微观的课程结构，也就是课程的内在结构。布鲁纳认为，结构主义体现在学科中主要是用于支撑相应的定义原理和规律方法，并能够展现出其相互作用的内在逻辑机制。[②]施瓦布（Schwab）同样专注于课程微观结构的分析，他的观点也与布鲁纳较为相似，不同的是施瓦布更加深入地研究了学科结构主义的本质，揭示了其内在的层次结构。

3.课程特征

课程是学校教育的组成部分，更是连接学校教育与社会需求的枢纽，能够反映社会各种需求的课程以知识形式付诸教学实践时，一般呈现出以下特点。

（1）课程是经过社会选择所呈现出的社会共同意志的体现。即课程所包含的内容实际上是以社会的政治、经济和文化制度为依据，以学校教学宗旨为依托的。也就是说，学校在设定课程内容时需要考虑社会各方面的需求。

（2）课程是具有合理逻辑组织的完整体系。即课程的构成要素包括课程目标的设定、课程内容的设置、课程设计的编制、课程实施的组织和课程评价的制定等，是一个完整的作用体系，各个要素之间需要相互协调、科学运作。

（3）课程是以既定、先验和静态的方式存在的。其中，"既定"即已经存在的，"先验"即先于经验的，"静态"即相对静止的状态，换言之，课程就是先于经验而存在的一种相对静止的知识产物。

（4）课程是学习者所追求的高于自身知识的一种外在经验。即课程是外在于学习者并需要学习者通过不同途径去参与和获得的。

---

①周非，周璨萍，黄雄平主编.教育教学管理与素质培养研究.长春：吉林人民出版社，2021：19—20.

②孔繁成著.布鲁纳的教学原则.太原：山西人民出版社，2019：45—46.

4.课程分类

课程分类是根据不同的分类依据将课程加以区分，形成不同形态的课程的过程。其中，两种最根本的课程类型就是学科课程和活动课程，但随着课程理论的完善，逐渐衍生出一种新的课程形式——核心课程。至此，形成了包括学科课程、核心课程和活动课程在内的基本课程分类体系。其中，学科课程主张以学科为中心，核心课程主张以学生的活动行为为中心，活动课程主张以学生本身为中心。除此之外，依据课程的本质属性，课程可有经验课程和学科课程之分；依据课程的实施形式，可分为综合课程和学科课程两类；依据课程的重要程度，可分为必修和选修课程两类；依据课程的组织和管理机构不同，可分为国家课程、地方课程和校本课程三类。

（二）课程管理

课程管理作为学校教学建设的重中之重，主要分为课程建设与教学建设两大部分。

1.课程建设的主要环节与内容

课程建设主要探讨课程应该"教什么"，具体包括以下五个环节。

（1）课程目标

课程目标作为教育目标的直观表现形式，为课程建设的最终实现做好了前提铺垫。课程目标在课程建设过程中发挥着重要的功能和作用，首要的就是其导向和评价功能，除此之外还有调节和中介的作用。首先，课程目标具有导向性，它为课程的内容、设计、实施和评价等课程的其他几个环节确立了基本方向；其次，课程目标具有评价性，是评价其他几项工作合理、标准与否的有效依据，也是测验预期目标能否完成的根本范式。

（2）课程内容

课程目标是课程建设的中心要素，也是保障课程目标完成的最关键要素。近些年有关课程内容的研究主要体现出三种观点："教材中心论""经验中心论""活动中心论"，分别主张以"学科教材""学生经验"和"学习活动"为中心设置课程内容。此三种课程内容观点虽然各有利弊，但在课程实施过程中若能将三者相互联系、融合运用，将会是一种新的尝试。

（3）课程设计

狭义的课程设计是指通过设计将课程内容的各个组成要素连接成一个整体，进而形成具体的课程实施结构，达成课程目标；广义的课程设计则在狭义的基础上，还包括分析课程主体、课程客体，研究课程各个构成环节之间的相互作用模式等。①此外，还有学者从微观、中观和宏观的角度分别对课程设计进行区分和研究。不同视角、不同层次的课程设计有不同的主体和受体。

（4）课程实施

目前"课程实施"尚未有统一的界定，但主要有两种学者们较为认可的观点：①认为课程实施是"一个具体课程方案的施行落实"，是将课程实施当作是固定不变的执行活动，多用于由上级到下级实行课程改革或课程进度推进；②认为课程实施是"把一项课程落实到实际操作的过程"，是一个动态的、随课堂实施过程中因改革变化而变化的过程，适用于不同地区根据地域需求进行的课程改革实施。考虑到实际状况，课程实施是指不同地域根据本地区的教育需求和培养目标进行的课程实施或课程建设过程。

（5）课程评价

这是指"依据课程的实施可能性、有效性及其教育价值，可以做出价值判断的'证据的搜集与提供'"，主要包含两个方面的内容——"教育过程是校内的计划与组织的判断决策和学生的学习成果的判断"。换言之，课程评价即根据课程的实施与结果研究课程价值的过程。通过课程评价不仅可以了解和掌握学生的经验习得情况，更重要的还是可以获悉课程实施过程中课程建设各要素的发挥情况，进而为课程目标的实现和课程建设的优化提供真实的反馈信息，以及时进行调整与改进。

2.教学建设的主要环节与内容

教学建设主要探讨"如何教"的问题，一般来说，教学建设应该包括五个方面的环节与内容：即理论基础、教学目标、操作程序、实现条件与教学评价。与上述课程建设相对应，将在以上五个环节要素的基础上研究教学目标、教学内容、教学实施、教学设计与教学评价五个方面的内容。

（1）教学目标

这是指教学活动开始之前所预先设想实现的教学效果，是对学习者将要产生的学习效果的预先猜测和假设。教学目标作为教学建设的首要环节，对教学内容、教学目标等其他环节具有控制和指导的作用。泰勒原理就曾指出教学的目标与内容和评价之间的作用关系，认为教学目标是教学内容选择和教学其他环节实施的根本依据。因此，教学目标的差异直接导致了教学模式的差异，教学模式始终为教学目标而服务。

---

① 张桓，柯亮著.当代高等教育管理与教学研究［M］.北京：北京工业大学出版社，2021：55—56.

（2）教学内容

这是指"教学过程中同师生发生交互作用、服务于教学目的达成的动态生成的素材及信息"。教学内容涵盖了教学过程中"教"与"学"之间彼此互动和作用所产生的全部信息，除了教材与课程的内容，还包括学校所要教授给学生的知识技能、传递给学生的思想观念和监督学生的行为习惯等，即生成性教学内容。[①]教学内容即指学校为学生提供的一切用来满足学生学习需求的有形或无形的教学资源等。

（3）教学设计

国外对教学设计概念的界定主要包括系统课程观、科学技能观、"最优处方"观等观点，国内则提出了"过程—程序"说、"解决问题"说、"技术"说等不同的说法。纵观国内外学者的观点，认为教学设计是以教学目标为准则，针对教学对象所确定的合理有序的教学安排，其中包括教学建设各要素的安排与教学实施的设计等环节的系统化过程。教学设计可以由大到小针对不同的学段、学年、学期、单元、课时甚至一个片段，也可具体指某一课时或教学片段的设计。

（4）教学实施

有关教学实施的概念，目前尚未有统一的界定，但从另一个角度来看，教学设计关注的是如何提供一个教学活动整体安排的方案，那么教学实施则是如何将这样的教学方案进行实际执行和操作。这个"如何做"既要满足教学活动中的教学目标、内容与对象的要求，又要考虑教学环境的差异性与可能性，比起教学的详细施行办法要更加复杂化。教学实施作为整个教学系统运作的核心环节，其执行与落实情况直接决定了教学目标的实现与否，因此，要更加深入地研究和探讨。

（5）教学评价

一般来说，对"教学评价"的定义分为广义与狭义两种观点。广义的教学评价是指"对一切影响教学活动因素的评价"，是指运用科学的方式，以合理的评价标准和指标为依据对整个教学活动产生的实际教学效果所作出的价值判断。狭义的教学评价则是指采取科学合理的措施，以实际教学目标为依据对教学活动做出评价和判断的过程。综合两种说法，教学评价是指基于一定的评价标准，通过科学的教学信息收集，运用合理的评价方法来判断整个教学过程的价值。

综上可知，课程管理包括课程建设与教学建设两大要素，具体又包括课程（教学）目标、内容、设计、实施与评价等。因此，要想实现课程建设的完善化和

[①] 耿剑峰著.创新教育理念下的体育课程建设与教学管理研究［M］.北京：新华出版社，2021：71—72.

创新化，就需要以"目标"为导向，促进各个构成环节与要素之间的协调与衔接，进而形成一个良性的课程运作系统。这就需要我们从不同层面、不同视角对课程建设的各个构成要素进行深入研究和掌握。

二、高校课程

高校课程管理主要体现在课程目标、课程内容和课程实施中，不同年级的课程要素也会在课程价值动态变化中不断创新发展。高校课程在具体的情境中也会体现出不同的课程管理方法。

（一）高校课程的培养目标

高校课程目标通常具有促进大学生的全面发展和推动专门人才的培养两种取向。促进学生本身发展或者为社会发展服务是课程目标两种最为明显的区别。以"学生"为主的课程目标，强调学生是课程的基本着眼点，关键是促进学生的自我实现。高校课程目标是培养学生，以满足学生发展的需要。强调学生全面发展，注重学生的兴趣、情感等内在需要。以学生为中心的课程，更加注重过程，即学生在课程中的内在的收获，而非外在的结果。

以"社会"为主的课程目标，旨在培养能够为社会服务的人才，强调课程教学要为"社会"的发展服务。以社会为中心的课程，更加注重培养专业性人才而非满足人本身的需要。其教育的目的是单一的、外在的、更加注重结果的。高校课程目标基本围绕学生和社会这两个主体来讨论，现实的课程目标并不一定是非此即彼的，可能会有折中和融合，会依据不同的历史背景或者具体的情况而更偏向社会或者个人。

（二）高校课程设置

高校课程的设置主要分为通识课程与专业课程。高校中的课程设置体现了课程目标，我国高校课程设置所体现的倾向，主要表现在对通识课程与专业课程的权衡与选择上。

以学生为中心的课程，在课程设置中会更加关注通识教育课程的内容，即涉及人文、自然与社会知识的"共同内容"。通识教育课程旨在使学生形成宽广的知识基础和合理的能力结构，形成"具备远大眼光，通融识见、博雅精神和优美情感的人。"通识教育课程主要是指非专业性的、非功利性的基本知识。在通识课程中，侧重强调如文学、历史学、哲学、逻辑学等人文性课程。这些知识能够促进人的自由和全面发展，体现人的意义与价值。

以社会为中心的课程，则更加侧重专业教育课程。专业课程强调学生对学科知识的掌握，注重科学化的、理论化的、专业化的知识，重视课程的实用性，而工具性价值等能够有产生实效的知识，比如理科、工科专业课程。"社会主义课程取向下的课程，注重社会课程轻人文课程；重实用而轻理论，重对口而轻基础，尤其是重适应而轻超越的。问题不在于所重视的方面，而在于轻视的方面。"

两种模式下的课程内容都各有其价值，不管是对社会发展还是人的发展都有重要的作用，但是专业教育课程目前仍占主导地位，因此而影响了人的全面发展。

（三）高校课程实施

这是一个复杂、动态的过程，是"实现预期的课程理想，达到预期课程目标的基本途径。"课程实施过程的倾向受课程目标和教师的教育理念等的影响。课程目标主要是学生和社会两种取向，课程实施受其影响通常体现关注学生个性和共性两种取向。

关注学生个性的课程，突出个人本位。课程实施过程中强调学生兴趣，个性的发展，因此会结合学生的需要与兴趣安排课程。课程实施过程注重课程的生成以及学生对知识的自主探究与质疑。强调知识获得对学生成长的意义，更注重教学过程。所以课程内容不是固定不变的，教学的流程也并非循规蹈矩。关注学生共性的课程，突出社会本位。课程实施过程以知识的传授为主，更加注重学生对知识的获得。教师通常将人视为社会环境和教育的产物，认为人是一个认识体，人的本性是社会性，因此课程实施更多强调统一和服从。注重培养社会需要的人才，以社会发展的需要来设计教育活动。课程通常是按照提前设计好的教学方案进行教学，以固定的模式和方法来传授知识、对待学生。课程强调知识的外在实用价值，更注重教学结果。

第二节 课程管理的原则与意义

一、课程管理的原则

（一）人本性原则

"人本"顾名思义，就是以人为根本，以人为一切工作的中心和出发点，注重人的积极性、主动性、创造性以及潜能的发挥，实现人的发展、社会的进步。在高校课程管理中，必须坚持人本性原则。在高校所有的课程管理中，教师资源是重中之重，是资源配置的实践主体，也是高校赖以生存与发展的关键。只有一流的专业教师，才能培养出高质量的学生，创造出优秀的教学科研成果，得到社会的尊重和认可，进而赢得更多的课程资源，缓解资源紧缺的现状，形成良性循环。高校在制定人才培养目标时，也必须坚持人本性原则，构建应用型的人才培养模式。学科建设、专业设置、课程开设等，也要从学生的多样化发展需求出发，及时更新教学内容、教学手段，不断丰富课程管理，培养多样化的专门人才，满足地方社会多层次的发展需要。

（二）目的性原则

目的是行为的先导，规定着行为的方向和价值，并贯穿于行为的整个过程。目的性原则，是指导高校课程管理的总的原则，一切配置行为都是围绕着学校建设的总体目标进行的，从而为实现学校整体发展目标服务。[①]

高校课程管理的目的性原则，集中表现为两层含义。

（1）要根据明确的目标指向来配置高校的各类课程资源。比如，作为高校在进行课程管理时，不仅要根据不同学生的不同需求和学习特点来设置课程，还要考虑地方社会政治、经济、文化建设的多元化需求。

（2）所有的目标必须有相应的课程资源来对应。这要求决策者对学校建设目标系统中的各个大小目标有个清晰的认识，以此建立最优的资源配置方案，提高课程管理的科学性。

（三）系统性原则

将高校课程管理看作是一个复杂的系统，该系统是由多个子系统构成的，作为这些子系统的课程要素包括教师、学生、教学环境、课程管理及课程评价等多个方面。坚持课程管理的系统性，有利于充分发挥各个子系统的整体功能，实现整个系统的总体目标。

高校课程管理在进行资源配置的过程中，要坚持系统性原则。首先，要对课程资源的各个构成要素建立充分的认识，了解它们的具体特性及其作用功能，只有这样，才能有的放矢地合理配置课程资源，保障每个课程要素都能发挥最大功效；其次，不同课程要素之间是互相联系、相互契合的，具有不同的组合方式。[②]如何对这些不同的课程要素进行多样化组合，需要考虑不同学科、不同专业、不同课程的特点及发展要求，这样才能保障课程资源整体功能的发挥以及课程活动的有效实施。

（四）协调性原则

协调就是要配合得当，和谐一致，尽量减少矛盾，将消耗降至最低程度。在当前高校课程资源相对紧缺的情况下，为了适应高等教育大众化的发展进程，高

---

① 耿剑峰著.创新教育理念下的课程建设与教学管理研究.北京：新华出版社，2021：2—3.

② 代静著.高等教育管理与教学研究［M］.西安：西安交通大学出版社，2017：98—99.

校在进行高校课程管理中必须坚持协调性原则，以最大程度地实现高校课程资源的公平配置、协调发展。

高校课程管理的协调性原则，包括两个方面：①外部协调，主要是指高校内部课程资源的配置必须要与当地经济社会的发展要求相适应。高校办学定位、人才培养模式等的确定，要考虑当地的实际发展需求。在依托于当地资源办学的同时，也要积极主动地为当地社会的发展提供服务。②内部协调，主要是指校内课程资源在不同院系、不同学科、不同专业间进行配置时，必须兼顾效率与公平。在坚持效率的同时，提倡合理竞争；在考虑公平的同时，也要关注投入与产出。

（五）可持续性原则

"可持续性"就是要求资源的可持续利用，不能只顾眼前利益，而不顾长远利益。高校是非营利性的社会公益组织，不能只顾效益而不顾成本。

高校在进行课程管理时，必须坚持可持续性原则，既要满足高校当前的发展需求，又要考虑高校长远发展的需要，以保障课程资源的可持续性利用。高校的各类课程资源，如教室、实验设备、教学仪器、图书资料、专业教师等，都处于持续使用、不断消耗的过程中，并不是取之不尽、用之不竭的。为了高校的长远发展，一方面要切实提高现有资源的利用率，通过加大对课程管理的监管力度，实现资源共享等方式，尽量减少不必要的资源浪费和重复建设；另一方面必须合理开发利用高校的各类课程资源，实现资源的补偿和再生，避免枯竭，从而保障高校的可持续性发展。

二、课程管理的意义

（一）现代高校课程管理的理论意义

1.完善课程管理理论

课程管理不仅是一个研究领域的开拓，而且是课程理论研究逻辑的发展，是课程理论的自我完善。课程的研究以美国最为发达，影响也最广，它的研究重点集中于课程目标的确定、课程内容的组织、课程实施、课程评价等问题，他们认为课程管理是学校管理的一部分，不予重视，因而，课程管理的研究就被忽略了。我国接受的是以美国为主的西方课程理论，课程管理研究被忽视亦是自然的。我国有学者较早就注意到了课程管理的问题，指出课程管理理论与课程设计理论、课程评价理论一样，是课程理论的一个重要组成部分。课程理论要走向成熟，首先要解决课程理论中的课程开发、设计、评价等基本理论问题，随着课程理论改革的深入，课程管理问题就必然要提到议事日程上来，课程管理与整个课程领域的问题及其他问题都相关，重视课程管理的作用和研究也是课程理论自身发展的要求。

2.高等教育管理研究的必要补充和突破

高等教育管理的研究与高校课程管理的研究在总的指向上是一致的，都是为了更好、更有效地实现培养所需的人才，更好地满足高校与社会的要求。高等教育管理学已成为一门独立的学科，其主要内容是高等教育体制、教育方针政策、高等教育领域、教育经费，及高校内部管理中的学校组织、人事管理、教学管理、后勤管理等，而高校课程管理涉及的问题具体得多，如课程标准的制定、课程实施过程的监控及管理机构的设立权限、职能的规定，它们都是具体的工作。高等教育管理学涉及的是整个高校管理领域的问题，它能提供的是适于各种问题的原理的内容，以及对高校管理的分析框架。它的一般理论特性使其不能对像课程这样的特定领域做出直接的运用，而且由于高等教育管理学研究范围的限定，使其他不能对课程管理的问题做出详细的讨论。所以，正像教育理论不能替代对高校课程管理的研究一样，开辟高校课程管理研究领域就非常切合于理论与实际。

（二）现代高校课程管理的实际意义

1.促进高校管理观念的转变与确立

高校的管理运行机制长期习惯于自上而下的行政控制与管理，学校的设置与发展规模，学生的培养要求等都是由国家计划限定的，这种无竞争又无淘汰的运行状态极大地限制了高校自我发展的能力。如今，"对包括课程编制在内的人才培养的全过程进行管理，已经和正在成为一种新的大学管理理念"，高校课程管理领域的出现反映了我国高等教育管理领域在思想观念上的变化。高校课程管理理论的建立，要以课程评价、课程设计等理论为基础，以人员管理、机构调整等观念的转变为前提。高校课程管理领域的开拓，会推进高校管理观念的转变，从而促进新领域的确立。

2.促进课程行政的顺利转轨

我国高校课程的行政管理体系，19世纪50年代以来，全国高校一直由中央统一管理，形成了高度集中的大一统模式。此种情况如果在建国初期的特定情形之下是适应的，但是经过长时间的课程变革和社会大环境的变革，课程领域出现了许多新的情况：课程要求增加弹性和灵活性、学校课程决定权、及时按人才培养调整课程内容等，这些也是学校课程管理要研究的。课程管理研究内容的变化，会使课程管理体制作出相应的变革。课程行政转型之后，又可以使学校课程管理更加灵活有效，有利于调动中央、地方和高校三方面的积极性；有利于中央、学校课程管理各司其职，明确权限，提高课程管理水平。

3.促进高校课程改革发展

课程改革是整个教育改革的突破口，课程改革是教育改革成败的关键。课程改革是一个系统的过程，其组织、实施、评价和推广等需要课程管理的介入。假如这些工作不能实现，那么课程改革就不能取得良好成效。我国的课程管理水平已经落后于课程改革的需要，课程改革的深化正期待着课程管理水平的提高。

第三节 课程管理创新的发展策略

一、优化课程教材管理

（一）严把教材选用质量关

教材作为知识载体是培养人才、传授知识的重要工具。它具有稳定教学秩序、保证教学质量、创新教学内容、引领教学方向的作用。近年来，我国高等学院连年扩大招生规模，社会对人才的要求也越来越严格，这也意味着对高校培养人才提出了更高的要求。要保证人才培养质量，就必须认识到教材在教育活动中的重要性，严格把控教材选用的质量标准。

尽管各层次的高校对教材选用的要求千差万别。但都贯彻着统一的原则——以（……为例）择优性为主要标杆，同时兼顾试教性、科学性、系统性、平衡性。基于以上原则，提出以下措施，具体如下：

1.选用高水准优质教材

加强选用管理，消除教材选择的随机性，并确保教材选用的科学性和适教性。首先是要落实教材选择程序的执行，继续加强教材选用程序的规范程度。教师列出备选教材清单后，需要由教研室、学院、教材主管部门逐级进行讨论审查，相关领导确认审批。[①]在审批过程中，各级主管必须严格遵守原则，以确保所选教材的质量。严格遵照教育部"凡选必审，质量第一，适宜教学，公平公正"的教材选用原则。

其次，保证高质量的教学质量，就要选用高水准的优质教材。教师在选择教材时，要优先选择教育部规划教材、国家级重点教材、省部级优秀教材及各类获得国内外教材评选奖励的优质教材，保证学校能够达到较高比例的优秀教材选用率。在选用高水准教材的同时，教师也应注意要缩短教材使用的周期，加快教材的更新换代，保证近三年出版的新教材使用占据较高的比例。此外，鼓励引进国外先进的、能反映学科最新发展动态的外文教材。

---

① 同济大学高等教育研究所编.同济教育研究 课程建设与教学改革［M］.上海：同济大学出版社，2022：115—116.

2.建立反馈机制淘汰劣质教材

及时对选用的教材质量进行跟踪调查，这是一种非常有效的质量保证措施，制定有效健全的反馈制度，无论是专业课程、必修课程还是选修课课程或实验课程，都应该根据课程设置和实际教学情况选择教材。因此，在每学期结束时，都应邀请师生有效地评估本学期使用的教材，不符合评价指标或师生使用感不好的教材，在下次订购教材时不得选用，并将情况以书面形式报校内本科教学部，先由学院自评，本科教学部再对各学院自评情况抽查，全面掌握教材质量情况，以此对学院对下学期的选用教材进行改进和优化，保证教材选用质量。

3.提高教材管理队伍的素质水平和业务能力

提高教材选用质量也离不开教材管理队伍的支持。教材管理人员在提高选用教材质量方面起到关键的作用，提高其素质水平和业务能力，在全面了解各专业的培养目标、教学计划后，能够心中有数，提出教材建设的合理意见。总之，把好教材选用质量关是教学管理工作的重要一环，在保证教学质量中具有关键性作用。

（二）强化新形态教材的建设

毫无疑问，新形态教材比传统的纸质教材具有更多的优势，学生可以更方便的阅读，平台可以为学生提供更多的售后服务。在信息技术的支持下，数字资源可以得到更迅速的更新，且随时可以扩展，易于学生学习。但新形态教材目前尚处于建设初期，因此在某些方面有待完善。

1.构筑数字化教育生态环境

新形态教材尚处于起步阶段。目前，高校新形态教材的应用和推广情况并不理想，首要任务是要加强数字化环境的建设，数字化环境可分为软环境和硬环境。数字化软环境就是指数字素养的培养，目前大学师生还没有形成清晰的数字素养观念，对这种新形态的教材整体认知水平较低。因此，要引导他们以全新的思想观念重新认识数字教育，从思想上做出改变，新形态教材才能得以健康发展。

硬环境是指数字化教学环境的建设，其中包括稳定可靠的网络信息平台。数字教学设施、教学资源系统和强大的技术支持系统。如果高校可以将数字教材整合到数字化环境的学习中，同时将数字教材与其他数字学习平台深度融合，大大增加新了新形态教材应用的概率。

目前，学生阅读和学习数字资源时，通常是通过网页浏览器完成，效率低下，削弱了学生学习的效率，也使数字教材的学习效果大打折扣。因此，在开发新形态教材时，开发商要努力开发出可以支持多类型智能终端的应用程序，提高学生学习的效率。若通过应用程序进行教学，新形态教材将成为教材的主要形式，占据有力地位。这样一来，学生可以一边读书一边做笔记，大大提高了学习效率。同时，与浏览器相比，智能终端应用程序更封闭，能够有效保护知识产权。

此外，开发者可以通过技术手段将与学习无关的程序锁定，使学生能够集中精力阅读，从而提高学习效率和质量。因此，在新形态教材的建设和应用中，智能终端应用程序是不可省略的辅助工具。但是，在开发应用程序确保其有效性时，还必须要考虑集成平台下各种手持智能终端的差异，增强应用程序的兼容性，保证每个终端的体验感良好。

2.创建支持新形态课程教材的教学模式

目前，翻转课堂、MOOC和微课等新模式受到高校教师的广泛关注。不同的教学方法具有不同的特点，使用新形态教材的形式也不同。在提供新形态教材的同时，要尊重不同专业学生的学习模式和学习需求。以翻转课堂为例，学生在课下自主学习，课堂中的任务是通过探究性学习，巩固、总结、反思，消化知识，并利用测试来检验学习成果。因此，高校有必要提供相关的教与学环境，支持学生课后的自助式学习模式，新形态教材正为这种教学模式提供了学习的平台与条件。另外，教师必须要转变观念，才可以带动新形态教材下课程教学的改变，未经教师认可的新形态教材是缺乏生命力的。教师应仔细研究如何将数字教材真正的应用到课堂中，如何最大限度地利用数字教材。

3.构建新形态教材立体化发展模式

当前，我国新形态教材的发展模式有三种：以终端硬件供应商为主、以网络运营商为基础、以内容为主的供应商开发。不同学科的地位和利益分配因开发方式的不同而大相径庭，三方都希望在开发过程中占据绝对优势。但事实证明，任何一方都很难单独占据垄断地位。从未来发展趋势看，数字教材的优势集中展现在教材的更新速度、与应用程序的结合、帮助学生集中注意力提高学习效率等方面。因此，加强三方合作，建立三对一合作的三维发展模式，才能提高新形态教材的发展速度，为广大师生提供更好的课程教材内容和课堂服务。

（三）鼓励教师编写教材讲义

对于地方综合性大学，师资力量在国内大学中并非顶尖，但综合实力在省内大学中名列前茅，应当承担起教材编写的艰巨任务。"发挥内在优势，积极组织编写教材，支持优秀教材走出去，提高我国学术的国际影响力。"对于具有校级、省级等特色的专业，学校应积极规划并制定课程计划，增强对校内教材、讲义等教学材料编写的质量监察，自我开展自编材料的评优评奖工作，并推荐获奖材料出版。高校自编教材必须严格遵循出版的要求进行编写，提前汇编大纲，以保证完成的质量。

当前高校要高度重视新高考改革所显露出的一系列问题，解决这些问题最直接有效的办法就是重新审视教材的顶层设计。招生考试改革的实质是为了改变人才培养模式，这不仅要看顶层设计，也要看在执行过程中的落实情况。新高考改革能否真正实现对素质教育的导向作用，不仅是对中学的考验，高等院校更应做好后续的接力工作，顺应新高考带来的生源结构变化，补齐学生的短板，协调课程教材与学生高中基础课程及后续专业课程内容的内在逻辑性，以确保学生专业知识的完整性和系统性。

正视新高考改革中高校招生录取制度面临的困境，对于高考选考产生的教材遴选难问题，高校应做两手准备。①高校针对专业基础要求较高的课程，从源头上对专业课程设置重新规划，将高中所缺乏的课程以必修课的方式进行，教师有必要针对这一问题自行编写符合本校专业特色、学科设置、生源结构差异的教材，在大一为学生们打好基础。针对"新高考"改革带来的学科规划建设进行宏观层次的指导，促进开发和改进与各个专业课、公共基础课及所使用的课程材料的设计。当然，重新规划、编写教材是一个十分漫长的过程，教师不仅要保证教材编写的速度，更要严格遵循教材编写出版的规定与程序，保证教材质量，鼓励教师多出教材，出好教材。②积极为与专业培养计划基础有差距的学生开设基础预科课程，以应对暂时性的教材缺失。特别是在选考中与开设专业选考规定科目交叉较小的学生，高校应本着为学生负责的态度，积极动员学生报名参加。学校在开学前就应对学生做好统计工作，对有意愿报名参加预科课程的学生，依据学生的意愿自愿报名进行预科教材的征订，以保证在开学后措手不及。这项工作，教材管理人员不仅要做好，还要做细。依据专业教学计划，充分考虑学生自身发展与专业需要带来的影响，统筹教材管理。认真核对招生计划和选课计划，以及教材的版本和数量等，引导学生适应新高考改革带来的学习能力的差异，确保顺利完成新高考改革为高校带来的生源结构和育人生态的变化。

高校编写一本优秀的教材，不仅可以解决教学的紧迫需求，而且可以更好地体现地方特色，提高教学质量。一般来说，统一编写的教材质量固然不错，但正因为它是统一编写的，其内容往往更侧重于普遍的、共性的问题，无法解决各个地方的个性化问题，而各高校教师自编教材则使这个问题迎刃而解。同时，鼓励教师自编教材也是锻炼培养教师的有效途径，有助于提高教师，尤其是青年教师学术水平和理论知识，帮助他们更深刻地理解掌握学科的内部关系与逻辑，促进教学内容及方法的改革，提升教学质量。

（四）优化教材评价激励机制

教材评价功能对作为消费者的学生来说最具有话语权。教材的内容、编辑、图形和文本质量以及课程学习的收获都可以反映在学生评价中。教材的质量常常需要全面的角度来进行判断，对教材质量的要求也在随着时间而变化。因此，如何提高教材选择的科学性，对教材有一个客观全面的认识，教材的评价是作为一个关键参考。

教材评价机制不是某些指标的累积和随机性的组合，而是根据适当原则建立起可以反映教材质量的一组指标。普通大学受教师学术水平的限制，缺乏教材评估和建设工作的权威和指导。首先是教师进行自查。教师要对选用的教材从教材的适应性进行审查，这里的适应性不仅包括与教学大纲、教学目标的适应程度，也包括教材与学生的适教性，教材是否有利于学生自学，结构框架是否安排妥当等。其次是专家评审。专家评审应具有一定的思想高度，主要考察教材内容的学术性、结构的系统性、思想的逻辑性、风格的创新性、表达的规范性、图文印刷的标准性等要求。再次是教材在选用完成后学院的考核。在教师和专家进行评审后，学院也要制定合理的考核指标，这将直接影响到学院甚至学校的教材管理情况。学院考核的标准应当包括优秀教材选用率、规划教材使用率、近三年出版教材选用率、国外原版教材使用率等，并将这些指标纳入教学管理考核的指标中，全程监督教材质量。最后是学生评审的指标。学生评价是从其亲身使用感受角度出发，包括教材中使用的文字规范程度，教师授课内容与教材的相关程度，内容的深度与高度是否适合自身的认知规律。

教材激励机制是要消除教材管理中教师的不满情绪，完善制度建设，加大经济激励力度，创造良好的工作环境，从而提高教材管理工作的水平。

（五）有效提升教材管理工作效率

随着我国高等教育改革的逐渐深化，高校教材管理工作的重要作用不断凸显，直接影响着高校教学活动的顺利开展，而作为教材管理工作的实施者，高校教材管理人员的素质和能力显得尤为重要，这就要求他们不仅要拥有过硬的业务能力，还要具备强烈的职业精神、高度的职业操守，不仅能够准确把握高校教育教学活动的目标，更能从各个专业实际需求出发，对教材进行科学的管理。

要不断加强对教材管理工作的重视和支持，不断加强职业精神的培养和锻炼。不断加大人财物方面的硬件支持，合理配置教育教学资源，注意加强对高校教材管理人员的选拔和使用，加强管理人员队伍建设。要不断创造载体和渠道，加强对现有人员的培训力度，通过召开培训班、专家讲座等方式，或者通过微视频、慕课等网络教学方式，不断提升教材管理人员的综合素质和业务能力。

要完善高校教材管理信息化系统的建设。以计算机网络技术为基础，以实现信息传输的效率、速度和便利性。首先，应建立信息化管理系统，基于校园网实现高校教材管理的信息化。其次，通过信息管理系统，实现教材的选择、订购、发放、使用全过程中学校、教师、学生、供应商等多方实时对接，学校教材管理人员可以实时向供应商提出有关学校教学需求的反馈，有望实现双向沟通和信息交流立竿见影的效果，可以帮助教材管理人员根据实际情况选择合适的教学材料。既节省了大量的人力资源，同时还可以有效地节省管理时间。重点培养技术过硬的管理人员，使之带动其他管理人员，提升整体管理人员的信息化管理能力，通过必要的培训、知识补充，现场技术指导等以各种方式为现有教材管理人员提供信息管理培训。此外，要积极引进和吸收具有优秀专业素养和信息管理能力的教材管理人才。不断加强高校信息化教材管理队伍，提升教材的信息化管理水平。

二、实施人文引领的高校课程价值管理

（一）突出以学生为主的高校课程目标

教育的首要问题就是人，优化高校课程管理要强调学校应该培养"全面的人"。将育人与育才相结合是教育的关键。教育应该培养德才兼备，全面发展的人。

1.课程应以培养自我实现的整全人为目标

大学的教育应培养整全的人，培养整全人的目标应在每一个专业与每一门课程中都得到落实与体现。传统的课程教育目标中，侧重学生专业知识与专业技能的掌握，注重培养人才，但是对于人本身发展的目标表述较为泛化或者忽视。这样会导致培养出的人是不完整的，发展是片面化的。[①]比如职业能力、专业素养强但人文素养弱，缺乏理想与信仰的空心化的人，或者是缺乏职业能力与修养，只会空谈人文的边缘化的人。这是当下人文课程面临的困境，也是提出人文引领课程的必要性。

所以高校课程目标要强调培养整全的人，课程改革要围绕"整全的人"的目标，课程中既要求职业技能也应具有职业操守，既要有知识的传授也要有理想信念的引导。通过对课程的学习，学生不仅仅掌握了知识，还拥有能够自我实现的能力；不仅能够知道自己是谁，而且还能够听到内心的声音，找寻人生的真正意义。

课程目标的制定应该时刻以"整全人"作为目标准则，改变过去目标制定存在空泛化和形式化的问题，始终将"人是目的"作为终极目标，防止人在教育中

---

① 韦兵余，陈迎春，闫俊凤著.学校教育管理与教学艺术［M］.长春：吉林科学技术出版社，2022：138—139.

被工具化和物化。在目标中要明确提出尊重学生的个性、培养学生健全的人格、尊重学生身心发展的规律、提高思维认知的水平等要求，使学生知识、能力、情感在现实生活中得到充分的展现，从而获得的人生意义感。

教育在人的发展中承担着更高的责任与使命，教育的核心作用或者初衷是"人"，每个人都可以通过教育实现自身的发展与价值。发展人的理性与非理性，引领人们追求真、善、美。这就要求高校的课程不仅仅应该帮助学生掌握生活的基本技能与知识，发挥知识的工具价值，为学生生存发展提供动力，更加重要的是还应该挖掘知识背后的人文价值，使学生不仅仅学会生存，还学会与他人相处，增强学生的价值理性，能察觉到生命的真正意义所在，这正是课程应具有的终极关怀。

2.专业课程目标应具有明确的人文理念

整体上高校应该以人为目的，关注人，尤其在专业课程中也要有更加明确人文理念。专业课程的目标主要包括人文专业和非人文专业课程，非人文专业课程的目标的人文性是最容易被忽视的，因此尤其需要被重视。

（1）非人文专业课程的目标应体现人

当前高校专业课程目标的制定唯知识化与唯社会化的取向明显，人们往往忽视专业课程隐含的人文性的因素。例如科学课程不仅可以教人求真，掌握科学知识与技能，同时科学课程还具有人文性因素，如科学精神，科学家的品质，科学本身具有的美等，都可以丰富学生精神世界。只要教师在课程中注意引导，就可以潜移默化地影响学生，由此学生不仅仅掌握单一的科学知识，而是形成了更为全面的科学素养。对于专业课程尤其是理科、工科类的课程的目标中要强调课程的人文性，在课程中让学生获得人文素养。在课程中体现人文性，培养学生的人文素养对学生全面地成长有着重要意义。

（2）人文专业的课程目标更加人文化

现在许多人文专业课程的目标职业化和专业化明显，人文专业课程所具有的人文性不足。人文专业的课程目标应该也是更具人文性的，人文专业的课程也应是让人更加自由的。因此人文专业课程目标也要更加凸显人文性，更具人文化，发挥人文专业本身的优势，不能只顾专业知识而忽视人。

"人文素养"的培养对正处于世界观、人生观、价值观形成阶段的学生来说是十分重要的，因此在目标的设定中应该将有关学生人文性的培养的目标细化，更加具体、可实施、更具科学性，防止课程目标的浅化和分裂化。在当前大学课程培养目标中，有关学生人文素质培养的表述较为空泛，甚至存在"目中无人"的现象，大多以喊口号的形式在目标中体现，基本很难实行与落地。美国麻省理工学院（MIT）确定的人文课程的培养目标中"重点强调了学生能够将知识建立起现在与未来的连接：更加深入地了解与人类相关的理论、思想体系；认识不同文化、社会制度体系下的政治、经济和文化背景"。对比我们许多高校专业人才培养方案中相对简单的"促进学生德智体美全面发展、人文素养的提高"的目标的表述，MIT的培养显然要更加具体可行，对当前的课程目的制定有启发意义。课程目标会影响课程内容的制定以及课程实施等，所以要注重课程目标的人文引领性，将学生的人文性培养目标具体化，使学生课程中能感受更多的人文关怀。

（二）凸显人文理念的高校课程内容

人文引领的课程价值取向致力于实现整合人的培养，在课程内容上也要满足和唤醒学生的人文需要，培养学生对自己所学专业的人文情怀，使其具有足够的人文理想与信念。同时挖掘每一门课程背后的课程文化，几乎一切的课程都根源于文化，"现代课程的设计是将文化中最富有生命力的部分，如价值理念、原理、概念、工具性的知识和技能、态度，以尊重学生的生活为维度，按简约性、迅捷性的原则组织起来的过程。"因此，我们应该重视每一门课程所具有的深厚的文化特质。

1.优化通识课程中的人文课程设置

随着通识教育、素质教育在我国不断地被重视，体现在高校中表现为通识课程的比例逐渐增多，但是从整体来看，专业课程仍占据主要地位。通识课程中的通识不是通通都识，而是识通用之识，是给人更大的自由，能拓宽人的知识面的课程，人文课程是通识课程中的核心。

在当前高校中通识课程的比例最多为30%，最少为10%，而在通识课程中，人文课程所占比例极小，除去传统的两课、大学语文这些必修的人文性课程以外，人文课程则更少。大学生对人文知识的获得主要来源于对通识课程的学习，而当前通识课程中有关人文性的课程设置较少，学生所能接受的人文知识有限，对学生成长是不利的。因此，高校应优化调整通识课程的设置，增加选修课程，并适当增加人文课程在通识课程中的比例。

高校要改变通识课程中人文课程因人设课的现状。首先，对于学校的通识课程的设置要有专门的标准和规定，配备可以胜任人文课程开设的教师，而不是过于随意化，以保证人文课程开设的质量。其次，要增加选修课中人文课程可选择的数量，人文课程不能仅仅是对专业课程的补充。也不仅仅局限于传统的文史哲的课程，要完善选修课程中人文课程的体系，使课程内容设置更加合理，符合学生身心发展的规律。选修课程不应该仅仅是专业课程的补充，在选修课程中应该给人文课程留下更多的空间。

2.提升专业课程的人文性

人文引领的课程，应该彰显专业课程的人文关怀。高校的课程丰富多样，当前高校课程主要分为人文、社会、科学三大类，每一种课程所具有的价值都不相同，但是对人的发展都具有重要的作用，也都可以体现出课程的人文性。人文课程具有人文精神，能够提升学生的人文素养，帮助学生更好地认识"我"；社会课程能够增进人与社会之间的联系，使学生增加与社会的共情，能够从社会角度对"我"有更加全面的认识；科学课程具有科学性、客观性，能够使学生客观地认识世界，科学课程背后的科学精神能促进学生在严谨的科学事实中，不至于放荡不羁，甚至违背客观规律，造成对人类和社会的破坏。因此在具体的课程设置上，应该促进三类课程的交叉与融合，使课程之间建立联系。将课程落脚在对人的关怀上，在专业性课程内容中挖掘人文性的元素，并将这些人文性元素整合成教学内容放到课程中，让专业课程更好地释放本身所具有的人文性。

我们应该赋予专业课程更多的人文性。首先，在大学的非人文专业的课程中，努力挖掘在专业知识背后的精神与文化内涵。使学生在掌握专业知识与技能的同时，能够有崇高的专业理想与专业的人文情怀。其次，在人文专业的课程中，应该摒弃传统过分注重技巧、知识的传授的现象，发挥人文课程对于学生人文精神涵养的作用。课程设计也要依据人的本性（如人的潜能、发展、需要、变化等）来理解课程。当然也需要通过社会来思考课程，但追本溯源社会是由每一个单独的人构成，通过社会理解课程的必要性仍源于人或基于人。透过自然来思考课程亦然，人被自然孕育自然必然恩惠于人，通过自然来理解课程的必要性既源于自然也源于人。

专业课程中包括人文专业的课程，如文史哲等课程，也包括非人文专业的课程，主要是理工科课程，如物理、化学、生物等课程。仅仅依靠通识课程对学生进行人文性的熏陶是不够的，在通识课程体现人文，而在专业课程中"目中无人"的分裂式的教育不利于学生的全面发展。在耶鲁大学开学典礼上校长都会郑重地复述他的传统命题："你们就是大学"，耶鲁大学校长是从"人"来认识和理解大学的，我们要坚信人文引领的重要性与必然性。

（三）体现人文性的高校课程实施

课程实施是将课程目标付诸实践的过程，也是对课程内容进行选择的过程，最能检验课程是否具有人文性，是否真正落实全人发展的重要环节。现代课程对人类具有的普遍关怀应该有深刻的思考，而这种人文关怀关键就是落实到课程实施上，高校课程中呈现怎样的价值取向，可以通过课程实施环节做出判断。高校课程目标与课程设置的具体设计通常是十分理想化的状态，是对学生能够获得多少知识、形成某种能力、品格、素养的一种预期。但能否在课程中实现这些预期的目标，还需要依靠具体的课程实施。要实现人文引领的课程，既要重课也要重程，课程实施是一个具体的过程，是一个可以不断创设与生成的过程，课程实施中所体现的取向对学生有着有指导性的意义。

1.课程实施应基于人的特性

教育的逻辑起点是人，教育与人的关系十分地密切。人与教育的关系可以描述为："教育与人或者人与教育的关系最密切，教育的历史最悠久，教育是人类最必须。"教育学是关于人的学问，因此课程、教学中都应该见到鲜活的人，人存在于课程中，课程也存在于人中。在教学过程中，应该遵循人的特性，只有了解人身上存在的客观规律才能够更好地实现人的发展。张楚廷教授认为人具有五大特性："人有自生性，自己生长；人有自增性，自己增长；人有自语性，自己为自己创造语言；人有反身性；人有自美性。"这五大特性是从恩格斯所讲的坚持从世界本身来说明世界，从教育本身来看教育，从人本身来看人，因此充满人学意蕴和哲思。

首先，课程在实施过程中应关注学生的自生特性。人是能动的存在，人有潜在的才能与智慧，是可生长的，具有潜在可发展性。教师在教学过程中不能将学生理解为只会被动接受信息的工具，而是要尊重且推动人自然地生长。

第二，应关注学生的自增特性。"人的身上存在着尚未发展的自然力是能动的，因为人是可发展的。"课程应该发展人的可发展性，因为"人是有意识的存在物"，因此从学生本身出发，考虑学生需要并顺应人的发展是教育发展的推动力。

第三，应关注学生的反身特性。真正的教育源于人，是由人自身派生出来的，并通过自我对象化和对象自我化的方式来发展和获得新的生命。人不仅仅是有意识的存在物，更重要的还具有自我意识或者"我我"意识，所以教育活动过程应突出主客体融合的意义。教育所要展现的基本过程就是学生的反身过程，教育的作用是使学生从最初的我变成更好的我，通过积极的"我我"关系活动获得新的生命。课程实施过程要改变过分侧重学生知识的获得、师生在课堂的互动中以知识交流为中心的现状，要引导学生积极反身，将主体的"我"与客体的知识、社会等联系起来。从对客体的认识中来更好地认识自己，正确认识"我我"的关系，从而变成更好的我。

第四，应关注学生的自美特性，因为"人在以反身为基本方式催动自己发展的时候，最需要的营养剂是美学要素"，"人是造物中最崇高、最完美、最美好的"。人"按照美的规律来构造"，会在找寻美、追求美的过程中寻找不足，不断构建自己；美的要素是人发展中基本的需要。"人是美的存在，人是为美而存在的"，所以教育的真谛是不断地揭示客观实在中必然存在的美，让美进入学生的心灵，满足人天生所具有的精神上的、美的需要。现在课程中更多强调客观事实，缺少美，也缺少对美的引导，课程实施最不可忽视但又最易忽视的就是学生对美的需求，这是最基本的需要。

第五，关注学生所处的环境。环境对于人的发展进程，尤其对课程实施的过程十分重要，因为人在所处的环境中有主动适应性，所以课程创设的环境和氛围越好，学生能够利用所处的环境把握自我的能力和品质会更好。因此教育要给学生营造良好的学习环境，好的学习环境也是一种好的隐性课程，"自觉的教育工作者还力图使环境成为一种有效的隐性课程，力图使校园成为学生喜爱的一部经典的教科书"。

人的五大特性对应人的五大公理，即存在公理、能动公理、反身公理、美学公理、中介公理。这五种特性以及对应的五大公理都有着深厚的人文性，回到了人本身，体现了对课程的哲学思考。课程实施只有贴合人的特性才能够真正地体现课程的人文性，只有真正顾及人的需要才能真正实现课程的价值。

2.课程实施要促进学生智慧的生成

课程最终的目标是使学生变得智慧，不断地自我生成，从而获得新的生命。课堂教学过程是课程实施的重要部分，教学过程中要注重师生之间关系的和谐和相互依赖，把学习者的兴趣、意志、经验、情感放在重要位置。改变传统课程实施过程中重智轻人，知识占主导而不见人的现象，要丰富课程的人文性。课程实施的过程是十分灵动、充满智慧与思想交融的过程。在课程实施的过程中，教师需要处理教材、学生、环境、师生等多方面不断生成的信息，但这些信息都应以学生为中心。我们应该跳出传统课程实施局限于教学计划的实现、按部就班的教学思维模式，让课程变得更加灵活，能够不断地生成。

第一，课程不仅仅呈现知识，教师要提供比知识更为广泛的信息。信息在理论上是有限的，但是在感觉上是无限的。个人的情感、信念、态度和期待都可以作为信息在课程中传递，既是明示的，也可以是隐喻的。让学生获得宽广的信息比单纯的课程知识有更加重要的作用，这样的课程中收获的不仅仅是知识，更是超越知识的智慧，是体现人的课程。

第二，课程教学中应关注学生直觉能力的培养，直觉与逻辑应共生共进。"直觉是人文的强项，因此人文课程应该在整个课程体系中都发挥作用。"直觉是一种独特的智慧，直觉常常与逻辑相对，都是属于思维的行列，直觉属于创造性思维，往往具有"整体性、迅捷性、易逝性与创造性"。直觉与逻辑不是相互冲突，而是互补的，"逻辑代表左脑的理性分析，直觉代表右脑的感性交流"。教学要注重发展学生的逻辑思维，但是不能顾此失彼而忽视对直觉能力的培养。教师应为学生直觉思维的培养创造环境，鼓励学生勤思、举一反三和触类旁通，鼓励学生自由地想象与自由地表达。

第三，课程教学中应注重学生质疑能力的培养，质疑重于聆听。教学应该始终伴随着质疑，质疑在教与学的过程中具有重要作用。歌德说："人们总是在知识很少的时候才有准确的知识，怀疑会随着知识一道增长。"所以教师应该摒弃传统的课程中的过分注重聆听和灌输的教学方式，而要引导学生主动的质疑，表达出疑问，然后发现、提出问题、进行自我探索，并尝试去解决问题。质疑与知识相伴，学问在学"问"中获得，"学问"即学者发现问题。我们不能轻易否定学生的"质疑"，质疑是学习不可缺少的一部分，课程与教学的真谛是使学生学会质疑。

"信息、兴趣、质疑、直觉、智慧"是张楚廷提出的教学理论思想的五个关键词，这五个方面看似是相互分离，实则联系是十分紧密的。信息、兴趣、质疑、直觉、智慧每一个词都代表了课程教学过程对人应有的重视，在课程实施过程中应是十分重要的，但是也是时常被忽视的。课程实施可以是从学生的兴趣或质疑出发，或者从课程某一个信息点出发。学生的兴趣与质疑本身即是一种信息，在质疑与兴趣生发的过程中直觉则伴随课程实施的始终，能够十分及时地感受课程的信息并连接客观事物，从不断感受的过程中便生成了智慧。课程实施过程要注重在课程中提供广泛的信息，尊重学生的兴趣，鼓励学生质疑，重视学生的直觉，帮助学生变得更加智慧。

3.注重隐性课程的人文熏陶

隐性课程包含丰富的人文性，隐性课程是大学课程建设的重要环节。在高校中，人文引领的课程强调既要关注显性课程中的人文性建设，还应该重视隐性课程所独具的人文性，隐性课程是十分重要的人文课程。学校应建设好校园文化，发挥隐性课程的重要作用，并积极利用隐性文化的特质，对学生进行文化的熏陶。隐性课程是人文课程中非常重要的组成部分，是一种体验和感受，具有文化熏陶、浸染的作用，能够很好地与人文性相交融。

课程实施要积极发挥隐性课程的作用，但隐性课程往往因不像专业课程那样体系完整、能及时地见成效而被忽视。比如，图书馆的藏书量、学校历史上所诞生的优秀的人才、学校建筑、科研设备、教师的言行等都是隐性课程的重要内容，都渗透着浓厚的人文性，无形中陶冶学生的人文情操。课程实施过程可以利用学校这些隐形的资源，让课程更加生动，浸透更多的人文性，为学生健全人格的培养起促进作用。"关注隐藏课程，赋予其以更丰富的文化内涵，成为提升现代课程人文向度的重要方面。"隐性课程犹如大学的门面，尤其隐性文化可以彰显大学生丰富的内涵，是不可或缺的人文性课程，并非可有可无的。许多有着悠久的历史和独具文化特色的学校，是历经时代的洗礼、有着深厚历史文化奠基并形成了独具特色的隐性人文精神的学校。这些有时代感的学校可能从日常课程与教学中很难看出与其他学校的差别，但是从其隐性课程与文化中看却存在着明显的差别，"一些学校的珍贵之处就在它高质量的隐性课程"。所以一所学校对于人文课程是否重视，可以通过观察这所学校的环境中是否透露浓厚的人文气息。比如，哈佛大学不仅仅是扑面而来的哈佛红建筑令人赏心悦目，更多的是学校建筑里满载的知识和真理，学校历代都有十分优秀的人才涌出，有着瞩目的成就，令人十分震撼，心驰神往。这种渗透着的文化气息和带给人的震撼就是隐性课程，身处其中的学生思想和行为会在无形中被这些文化的影响，因此积极的文化熏陶会带给学生积极的影响。有些学校模仿哈佛的建筑特色而建设校园，努力彰显出浓郁的哈佛气息，其实就是为了能够营造一种良好的人文环境，让学生从中接受人文性的熏陶，从而激励学生更加奋发向上。

三、创新高校专业课程管理

（一）综合定位课程目标

1.依据职业岗位需求定位

一般来说，课程体系总目标是从宏观层面确定专业人才培养的方向，同时也为专业核心课程目标的确定提供依据。例如，旅游高等教育作为培养专门旅游人才的重要途径，其课程建设中的总目标自然是培养具备胜任旅游专业工作岗位所需的职业能力的优秀复合型人才，同时兼顾不同的岗位对人才的职业能力需求各有不同的现实状况。针对本科旅游管理专业人才输出对应的主要是旅行社、旅游规划公司、文旅集团、旅游酒店等的核心岗位，旅游院校应针对旅游企业、旅游酒店、旅游科研院所以及其他旅游集团分别设置课程目标，并考虑不同的专业核心课程根据不同的目标培养学生不同的核心岗位能力。只有保证旅游管理专业的课程目标与岗位需求相一致，才能针对行业的职业岗位需求精准地输出人才，增强学生的就业竞争力。

2.依据学生发展需求定位

由于课程建设的受众是学生，故在设置课程目标时在一定程度上应该考虑受教育者个人的发展需求。与此相矛盾的是课程目标多根据政府规范性文件或行业发展需求制定，更多强调统一性和协调性，却较少考虑学生个人发展需求。"00后"大学生的个性鲜明，学生的学习目标和学习需求各有不同。因此，课程目标的设置应该考虑到学生本身的个性化发展需求，为学生的多元化和全面化发展提供条件。具体来说，①可以结合学生的职业规划、就业意向或发展方向将学生群体进行分类，并分别设置不同的课程目标；②实施自主选课制度，由学生根据自身特点和条件选择课程，进而增强个性化的课程目标的实现效果。

3.依据学科、学校和地域特色定位

虽然课程目标是学生经过一个阶段的系统学习后所要实现的具体目标，但学

生对目前的课程目标并不十分满意。现有目标定位模糊、缺乏学科和地域特色，各个高校的课程目标整体上来看大同小异，导致学生培养和学校发展的同质化现象严重，人才培养和办学竞争力低下。因此，高等院校应该结合自身特点，充分发挥各自办学优势，以实现高校课程目标的特色化。一方面，不同院校可以结合自身办学特点和学科背景，将相关学科的优势资源引入到课程教学中，如北京第二外国语学院的语言类学科背景、东北财经大学的财经类学科背景等都可以应用于专业人才培养中；另一方面，不同地域的院校可以结合所在区域的文化特色和区位条件，制定特色化的课程目标，如沈阳师范大学地处沈阳，可充分利用沈阳故宫、张氏帅府等景区资源条件，完成学生的特色化课程目标设置，以提升学生的综合素质。

（二）精心凝练课程内容

高校学生对课程内容的前沿度、难易度和实用性的认可程度相对较差。因此，从前沿度、难易度和实用性三个方面对课程内容进行优化，有利于高校专业课程内容设置的更加合理化，进而切实满足学生的发展需求。

1.实现新旧知识融合

高校各类专业课程内容陈旧、缺乏创新一直是教育界面临的重要问题。虽然各个院校针对相关问题做出了改进，但"知识更新速度远低于行业发展速度"的问题仍旧存在。基于此，要想保证课程内容的前沿度，应该从以下三个方面着手：①从教师的层面，应及时关注和搜集相关专业的最新消息和前沿动态，并融入日常的课程教学内容之中，形成动态的课程内容更新机制；②从学生的层面，要积极利用信息化时代的便捷学习工具，通过网络或其他途径及时掌握行业发展的最新状况，并将线上与线下学习内容有效融合和把握；③从教材的层面，作为课程内容的要素之一，教材也应该及时更新，将书本教材与电子教材相结合，以满足学生的全面发展需要。

2.准确区分重点难点

课程内容的难易程度直接影响着学生的学习情绪和学习结果，然而，当前高校专业的课程内容设置却存在重难点模糊或表面化的现象。许多课程对重难点的划分根据教材、教师或学科整体要求，而未充分考虑学生的需求和行业发展的需要。因此，为了改善这一现状，应该根据高校专业课程的特点，准确区分各门课程的重点和难点。具体来说，①教师要根据课程难易程度进行区分性教学，对重点难点内容进行详细讲解，对一般知识内容进行简要讲解，进而使学生明确课程学习的重点；②教师在课程评价过程中针对不同难易程度的知识点采用不同的测评或评价方式，以保证学生能够较好地接受和掌握。

3.紧密联系行业实际

高校学生对课程内容是否实用比较关注，而高校专业课程缺乏实用性也一直是各个院校面临的难题。因此，紧密联系行业实际，提升高校专业课程内容的实用性已经刻不容缓。一方面，可以加强理论课程的整合，提炼出专业的核心内容。有效的课程整合不仅能够使教学资源利用最大化，同时精选课程内容也能够使学生的学习达到最优化。另一方面，可以加强理论课程的实训内容，即通过情景模拟、布置任务或实物演示等方式让学生参与体验，将所学理论转化为实际所需技能，进而为未来就业奠定基础。

（三）调整优化课程设计

高校专业课程的开设顺序、各类课程的比例和各学期的课程数量设置仍存在问题。因此，有必要就课程比例、课程数量以及课程开设顺序等方面存在的问题予以优化。

1.合理划分课程类别比例

目前大多数高校都以公共课与专业课、必修课与选修课、理论课与实践课为分类标准。其课程设置基本呈现"金字塔"式的结构特征，即公共课门数少、课时量大，必修课和理论课较多，实践课较少，选修课门数较多但课时量和选课数受限制，这就造成了学生的学习"泛而不精"和"学而无用"的问题。因此，有必要进一步协调各类别课程的比例，以使课程设计更加均衡合理。首先，就公共课与专业课来说，应适当整合缩减公共课程的课时，以为专业基础课、核心课留有充足的时间；其次，就必修课与选修课来说，专业必修课是为学生的长远发展奠定理论基础，专业选修课则是为学生的个性化发展服务，因此，要适当加大选修课的比例和学生的可选课门数，以促进学生的身心全面化发展；最后，就理论课和实践课来说，要在现有课程的基础上增加实训课程的比例，创新课程实训的方式，同时调整专业实习的时间，按照课程特点设置不同岗位、不同形式的实习，以达到"随学即用"的效果。

2.精心规划学期课程数量

均衡的课程比例对课程设计具有重要作用，但目前大多数院校公共课和专业必修课所占课时较多，忽略了专业选修课和实训课程的比重。因此，未来各院校应该对课程数量安排进行调整，增加专业选修课和实训课程的开课比例，而不是将其作为公共课程和专业必修课程的辅助。公共课方面，可适当缩减政治与体育课程数量，增加计算机与英语课程；专业课方面，可压缩整合必修课，"找核心，讲重点"，将有限的课程利用得更加充分，同时增加选修课门数和数量以及学生自主选择的权力；实训课方面，可结合该门课程的实际需求，在理论课结束后及时开展实训课程，以便加强学生的理解和运用能力。

3.科学设置课程开设顺序

合理的课程开设顺序是课程取得良好效果的保障，这就要求课程的开设顺序要以学生的心理发展规律为前提，遵循课程内容的逻辑顺序。一般遵循"由简到繁、由抽象到具体、由理论到实践"的规律，循序渐进地进行课程的设置与实施。具体来说，大一年级设置政治、英语、体育等公共课程和专业的基础课程，大二设置理论性较强的专业课程，大三则设置实践性较强的专业课程，同时大二大三穿插相应的专业选修课程，或根据课程需要进行短期实习，大四则主要为实践性课程，包括毕业实习、论文撰写等。只有这样，才能使课程设计整体更具合理性和科学性，进而保证大学生人才培养的质量。

（四）完善创新课程实施

高校课程实施中的教学目标、教学设计和教学方法三方面仍有待改进。因此，从这三个方面进行课程实施的优化，将有助于提升学生的学习效率，进而提升高校大学生人才的输出质量。

1.注重提升学生能力素质

课程实施过程中的师生地位问题始终是一个极具争议的问题。长期以来，教师始终被认为是课程实施的主体，传统思想观念难以快速转变，这就导致了目前的课程实施仍旧以教师"灌输"为主，学生缺乏主观学习意识和思维创新能力。因此，为了使学生主动学习、全面发展，就要尽快转变观念，遵循"学生主体、教师主导、师生互动"的原则进行教学实施。首先，在教学观念上，坚持以学生为中心，在课程实施过程中多关注学生的心理和情绪变化，多考虑学生的参与程度，积极引导学生参与讨论、表达观点，以激发学生课堂学习的积极性；其次，在教学方法上，教师应根据课程内容和学生发展阶段的特点，采用适当的教学方法，尤其是对互动教学法、情境教学法等引导性较强的教学方法的应用，以引导学生主动思考、发现和解决问题。

2.创新线上线下教学模式

数字化经济时代的到来打破了传统课程实施局限于课堂教学的现状，"MOOC＋SPOC"为主的线上线下混合教学模式逐渐被越来越多的院校所接受，微课、翻转课堂等也成为当前教学技术改革的主要趋势。因此，旅游管理专业也应进行相应改革，采用线上线下混合式的教学模式，打造旅游管理专业的"金课"体系，以快速、全面地提升学生培养的质量。具体来说，可以在教学中采用"MOOC视频讲授＋教师课堂应用"相结合的方式，即线上平台完成知识体系构建，线下课堂进行针对性训练和补充。此外，通过MOOC的在线讨论、评价或作业布置等功能，教师可以在充分掌握学习者学习情况的基础上，有针对性地进行课程指导。这种"知识、思维、能力"共同培养的教学模式不仅能增强学生自主学习的能力，同时也能够提升教学效果。

3.强化第二课堂实践效果

"第二课堂"是基于第一课堂提出来的，对于高校专业课程来说，"第二课堂"的构建主要可以从联合培养、全域实习、社会实践等方面着手。就联合培养来说，一方面可以开展"校校合作"，加强与国内外相关高校的联系，举行人才交流和互相培养的活动和项目；另一方面可以加强"校企合作"，将原有的合作企业范围扩大到外企、国内外知名企业等，为学生提供对外实习平台，以培养学生的国际视野、国际语言和业务能力。例如，旅游专业的全域实习，学校作为学生专业实践的组织者，横向上应该积极地与不同类型的旅游或酒店企业建立联系，扩展学生的实习平台，纵向上则施行"短期＋轮岗"的实习模式，使学生在限定的实习期内尽可能多地体验不同的岗位，实现人才培养与各类旅游业需求的完美对接；就社会实践来说，可组织同学尽可能多地参与各类社会实践活动、专业竞赛、创新竞赛等，通过竞争和比较认清自己与他人的差距，进而努力提升自身能力。

（五）科学实施课程评价

高校课程评价的依据、内容、时间和结果等的设置仍有需要改进和优化之处，因此，从上述四个方面提出优化建议，以期进一步提高学生对课程评价体系的认可度，提升人才培养的质量。

1.以行业现状为依托

目前，高校专业课程评价仍旧以成绩为主，对学生操作技能、职业能力等的考察为辅，甚至不做相应考察，这就导致学生形成了"唯分数"思想，而忽略了对其他能力的关注和锻炼。因此，为了更加全面地考查学生的综合素质，应以能力本位为评价标准综合考核学生的各方面能力，主要评价依据包括三个方面：①学生对基础知识和基本技能的掌握和运用能力；②学生的职业能力、文化素养、服务能力、应变能力、创新能力以及团结协作能力等；③学生的意志、人格、情感与个性等非认知因素。只有确立科学合理的评价依据，构建多层次、多维度的评价体系，才能对学生的学习和发展给出正确有效的评价，进而提出促进学生全面发展的建议。

2.以学生发展为宗旨

高校专业课程评价均采用书面考试的形式对学生进行总结性评价，但这种单一的评价方式已经难以满足学生全面化发展的需求。因此，以能力形成的渐进性为依据采用过程性评价和总结性评价相结合的评价方式将更有助于激发学生的学习积极性和新鲜感。其中，总结性评价仍以理论考核的形式为主，如卷面考试、论文撰写等。而过程性评价则可以使考核形式更加多元化：①日常作业提交网络化，如运用网络教学平台上传文本、音频、短视频等作为日常考核作业；②考核形式创新化，如通过竞赛等专业技能竞赛考核学生的职业技能，或通过布置作业使学生完成情景模拟任务，考核学生的职业能力；③考核过程实践化，如鼓励和指导学生参加科研竞赛、社会调研等实践活动。只有过程评价与总结评价齐头并进，同时关注学习的过程和结果，才能及时发现和解决问题，进而帮助其健康、全面地发展。

3.以科学公平为原则

课程评价对课程建设起着重要的效果监测作用，而评价时间则是保证监控有效性的重要因素。目前大多数院校都采用总结性评价，评价时间通常设置在学期的中期，进行中期考核，或设置在期末进行统一的考试。此种评价方式存在两方面不足：①评价不够及时，很难及时发现和解决学生在学习过程中遇到的临时性难题；②总结性评价多采用纸质试卷形式，通过量化打分进行考核，很大程度上由任课老师一人决定成绩，存在一定的不公平现象。因此，课程评价应改用过程性评价与总结性评价兼用、质性评价与量化评价兼具的方式，构建科学化、高效化的评价体系，以保障课程评价的及时化和公平化，进而对学生的整个学习过程起到良好的监控和管理作用，以保证学生的效率与效果。①

---

① 刘萍萍，何莹.现代高校教育教学管理现状与创新发展［M］.北京：中国原子能出版社，2021：211—212.

第四章　教育教学信息化学习创新

第一节　教育教学信息化

一、教育信息化概述

在当今世界，以经济和科技实力为基础的综合国力的竞争，实质上是人才的竞争，即人才的数量和质量的竞争，而人才竞争的实质则是教育的竞争。教育要为我国社会主义现代化建设提供足够的人才支持，就必须与我国社会经济发展的战略目标和战略步骤相适应。[①]为了实现这一目标，就需要进一步深化教育改革，更新教育观念，变革教育的内容和方法，逐步建立起适应21世纪社会经济发展和现代化建设需要的新的教育体系。现代信息技术在教育领域的渗透和应用，为教育提供了新的技术手段，也改变了教育的方式，同时推动了教育信息化的进程。

（一）何为教育信息化

所谓教育信息化，就是指在教育中普遍运用现代信息技术，开发教育资源，优化教育过程，以培养和提高学生的信息素养，促进教育现代化的过程。其中，在教育领域中广泛地应用信息技术、开发教育资源、优化教育过程是教育信息化的原始动力，同时是推动教育改革、培养创新人才和实现教育现代化的基础和前提。[②]

---

①耿斌著.信息化背景下计算机网络与教育创新研究［M］.西安：西北工业大学出版社，2020：157—158.

②杨学俭主编.教育信息化读本［M］.北京：开明出版社，2019：102—103.

（二）教育信息化的意义

教育信息化对教育的发展和变革具有重要的意义。教育信息化是实现教育现代化的必经之路，能够缩小区域间的教育差距，帮助我们实现对学习型社会的建设，有助于构建终身教育体系，有利于全体国民素质的提高，有利于素质教育的实施和创新人才的培养。

在教育领域中，全面深入地运用现代信息技术来促进教育的改革和发展，其结果将形成一种全新的教育形态－信息化教育。所以，教育信息化就是追求信息化教育的过程，而信息化教育则是教育信息化发展的必然趋势。

（三）教育信息化的三个体系

我国的教育信息化由三个体系构成：国家教育信息化体系、教育信息化工作体系和教育信息化指标体系。国家教育信息化体系包括信息技术应用，信息资源，信息网络，信息技术和产业，信息化人才，信息政策、法规和标准规范等六个要素。教育信息化工作体系由国家教育信息化系统、区域教育信息化系统、学校教育信息化系统和社会教育信息化系统这四个系统组成。教育信息化指标体系则是对教育信息化体系各要素水平的指标进行加权、排序、综合而组成的指标量度体系。其中，教育信息化工作体系中的学校教育信息化，则是我们平时所说的教学信息化。它主要包括以下几方面的工作：①

（1）以校园网、多媒体教学、电视教学为重点的信息化基础建设。

（2）以编制网络课程教材、各种电教教材与素材为主的教育信息资源建设。

（3）以信息技术应用为核心的信息化教学及其教育教学信息管理活动。

（4）以教学保障信息化为内容的教学环境建设及教育信息产业发展。

（5）以信息技术教育和信息技术人才培养为主要任务的信息素质教育。

（6）以教育政务信息化为关键的教育现代化管理。

（7）以增强信息和信息化意识为根本的信息科学教育。

教学信息化的结果就是形成信息化教学。

二、信息化教学及其特征

（一）信息化教学的概念

信息化教学是以现代信息技术为基础的新的教育体系，与传统教学相比，在教学观念、教学组织形式、教学内容、教学模式、教学技术、教学评价和教学环

---

①张贞云著.教育信息化［M］.青岛：中国海洋大学出版社，2018：133—134.

境等方面都发生了意义深远的变革。

信息化教学秉承了素质教育和新课程改革的理念，坚持以人为本的教育思想，重视学习者的全面发展、全体发展和个性发展。它在班级授课制的基础上，灵活地运用小组教学和个别化教学来展开教学活动。知识的积累不再是信息化教学的最终目的，它开始注重对学生创新能力和实践能力的培养。在传统的教学技术和现代信息技术的基础上，信息化教学建立起了基于技术的教学模式，或者说信息化的学习模式。信息化教学的评价淡化了甄别与选拔的功能，开始注重学生的发展，重视综合评价，在关注个体差异的基础上，强调评价指标的多元化，强调评价主体的多元化，并开始注重对过程的评价，综合运用终结性评价和形成性评价。

（二）信息化教学的特征

从技术上讲，信息化教学的基本特征是教学的数字化、网络化、智能化和多媒体化。数字化使得教育媒体设备性能可靠，使用方便。网络化使得信息资源可共享，教学活动不受时空限制，交流协作容易实现。智能化使得教学行为人性化，人机交互自然化。多媒体化使得信息表征多元化，真实现象虚拟化。

从教学实现过程上讲，信息化教学具有教材多媒体化、资源全球化、教学个性化、学习自主化、活动合作化、管理自动化、环境虚拟化等特点。教材多媒体化就是利用多媒体和超媒体技术，使教学内容呈现出结构化、动态化、形象化的特点。资源全球化就是利用网络，使各地的教育资源为教师、学生所共享。教学个性化利用智能导师系统，根据学生的学习特点和学习需求进行教学和提供帮助。学习自主化即充分发挥学生学习的自主性，使其成为知识的主动建构者。活动合作化即通过网上协作和计算机协作（计算机扮演学生伙伴的角色）进行学习。[1]管理自动化即利用计算机管理教学过程，包括计算机化测试与评分，学习问题诊断，学习任务分配等功能。环境虚拟化意味着教学活动可以在很大程度上脱离空间和时间的限制。

三、信息化教学的教学模式

（一）信息化教学模式的概念

教学模式就是指在一定的教学思想、教学理论和学习理论的指导下，在一定的教学环境和资源的支持下，教学活动中各要素之间所形成的稳定的关系，以及活动进程的结构形式，即教学活动的程式。

信息化教学中的教学模式，是根据现代教学环境中信息的传递方式和学生对

---

①邓宗勇.现代教育技术：走向信息化教育［M］.北京：北京教育出版社，2019：65—66.

知识信息加工的心理过程，充分利用现代信息技术手段，构建一个良好的教学平台，并调动尽可能多的教学媒体和信息资源开展教学活动。在教学活动中，学生在教师的组织和指导下，充分发挥其学习的主动性、积极性和创造性，真正成为了知识信息的主动建构者。

信息化教学模式从现代教学媒体对理想教学环境的构成角度，探讨了如何充分发挥学生的主动性、积极性和创造性。与传统教学媒体相比，以计算机为主的现代教学媒体具有交互性、多媒体特性、超文本特性和网络特性。[①]而这些特性对于提升学生在课堂教学中的地位具有一定的作用，能够帮助学生对知识进行积极主动地探索和建构，有助于改变学生被动接受知识信息的地位。

（二）信息化教学模式的特点

1.信息源丰富，知识量大，有利于教学情境的创设

现代教育技术手段为课堂教学提供了全新的教学环境，课堂上教学信息变得丰富多彩，信息的来源不再局限于教师和课本。在课堂教学中运用多种媒体，不仅能够扩大知识信息的含量，还可以充分调动学生的多种感官，这在为学生提供一个良好的学习情境的同时，还使得学生能够更好地理解和掌握所学知识。另外，教学媒体的运用，使学生可以从丰富的学习资料和素材中获取所需要的资料，提高学生掌握知识的灵活性。

2.有利于学生学习主动性和积极性的充分发挥

在课堂教学中引入现代信息技术，尤其是多媒体技术和网络技术后，教学过程的四要素都发生了相应的变化。在信息化教学中，教师不再是知识的传递者，而成了学生知识获取能力的培养者，学生自主思考能力、自主探索能力和自主发现能力的指导者。教学媒体时而作为辅助教学的教具，时而作为学生自主学习的认知工具。教材既是教师向学生传递的内容，也是学生进行意义建构的对象。在这种新的教学模式中，学生的主动性和积极性都得到了充分的发挥。

3.实现个别化教学，有利于因材施教

计算机的交互性为学生的个别化学习提供了机会。多媒体技术可以完整地呈现学习内容。在这个过程中，学生可以自主选择学习内容的难易程度和学习的进度，并可以随时与教师和同学进行交流、互动。在现代信息技术所构造的教学环境中，学生逐步摆脱了传统教学中以教师为中心的模式，成为了学习的主动者。在学习过程中，学生能够主动地获取知识，处理信息，能够使自己的个性和特长

---

①耿斌著.信息化背景下计算机网络与教育创新研究［M］.西安：西北工业大学出版社，2020：77—78.

得到发展。

4.能够促进学生间的互动互助，有利于学生协作精神的培养

计算机网络的特性，有利于培养学生的合作精神，有助于学生形成良好的人际关系。在网络的帮助下，学习者可以通过互相协同、互相竞争或分角色扮演等多种不同的形式来进行协作式的学习。

5.有利于学生创新精神的培养和信息能力的发展

多媒体的超文本特性与网络特性的结合，为学生信息的获取、分析和加工能力的培养营造了理想的环境。众所周知，因特网（Internet）是世界上最大的知识库。它拥有巨大的信息资源，而且这些资源是按照符合人类联想思维的超文本结构组织起来的，特别适合于学生进行"自主发现、自主探索"式的学习，能够培养学生的发散性思维和创造性思维。

（三）信息化教学模式的设计原则

在按照信息化教学模式来开展教学活动时，应该遵循以下原则：

1.明确以学生为中心

在学习过程中，充分发挥学生的主动性和创造性。通过创设各种不同的情境，来为学生提供更多的运用所学知识的机会；通过训练学生对自身行动的反馈信息的分析，来帮助他们更准确地认识客观事物，并形成解决问题的方案。

2.注重情境对信息化教学的重要作用

因为学习总是与一定的社会文化背景相联系的，所以通过多媒体创设的教学情境，可以帮助学生利用自己原有认知结构中的有关经验，去理解新知识，并赋予新知识以某种意义。

3.发挥协作学习的优势

协作学习的环境及学习者与周围环境的交互作用，有助于学生对学习内容的理解，而且协作学习使得整个群体都可以共享学习者的思维与智慧。

4.强调对学习环境的设计

学习环境是学习者进行自由探索和自主学习的场所。因此，教师所设计的教学环境要给学生提供更多主动与自由的空间。

5.强调信息资源的支持

在教学过程中，我们不仅要利用各种信息资源对教师的教学进行支持，更要强调各种信息资源对学生学习的支持作用。

（四）信息化教学模式的形式

信息化教学模式旨在通过支持学习者的高阶学习，来促进其高阶能力的发展。所谓高阶能力是以高阶思维为核心，解决结构问题或复杂任务的心理特征。它包

括创新、问题求解、决策、批判性思维、信息素养、团队协作、兼容、获取隐性知识、自我管理和可持续发展等能力。从不同的思维视角出发，所构建的信息化教学的模式也各不相同。这里我们介绍几种典型的信息化教学模式。

1.基于问题的教学模式

（1）模式简介

基于问题的学习（Problem-Based Learning，简称PBL）自20世纪50年代中期发展于美国的医学教育中，后逐渐被运用于商业教育、建筑教育、法律教育等领域。近年来，人们开始把它广泛地运用到教学中来。概括地说，PBL是把学习置于复杂的、有意义的和相对真实的问题情境中，让学习者以小组合作的形式在探究的过程中尝试解决实际的、真实性的问题，并学习隐含于问题背后的科学知识。它能帮助学习者构建起广博而灵活的知识基础，能促进其理解、分析和解决问题能力的发展，能促进其自主学习和终身学习能力的发展。基于问题的学习包含问题情境、学生和教师三个要素。其中，问题情境是课程的组织核心，学生是问题的解决者，教师是学生解决问题的伙伴和指导者。在信息化教学的环境中，信息技术将作为学生问题解决的支持工具，运用于PBL实施的全过程之中。

（2）教学过程

在进行PBL之前，教师要结合具体的实例来介绍如何进行基于问题的学习。要向学生明确用PBL进行学习的目的是什么，该怎样来展开学习，在学习过程中学生要做哪些工作，该怎么做，还要告诉学生在这种学习方式中将如何对学生的个人成绩及小组成绩做出评价。一般情况下，用PBL进行教学的步骤如下：

第一，创设情境，呈现问题

创设情境要依据教学的目的和教学内容的需要。情境的呈现可以有多种方式。一个故事、一段录像、一组数据、一种现象等都可以帮助我们创设一种情境，营造一种氛围。在情境呈现后，教师还要适时地提出一些引导性的问题，帮助学生理解情境，并为学生提供解决问题的思路和方向。问题是PBL的起点和焦点。问题的情境应体现如下特征：真实性，即设计的问题应贴近学生的生活经验；复杂性，即从学生的角度看所呈现的问题要有一定的难度，但问题的复杂、难易程度要适中，要符合学生的年龄特征和能力水平；弱构问题，即问题的答案不是简单的、固定的、唯一的，它应该是有多种解决方案和解决途径，或者没有公认的、标准的解决方法。

第二，界定问题，分析问题，组织加工

在对情境深入理解的基础上，将全班分成几个小组，并组织学生与小组同学进一步讨论和分析问题的情境，分析情境背后的问题实质，并选择与当前学习的主要问题密切相关的真实性事件或问题作为学习的中心内容（即让学生面临一个需要立即解决的现实问题）。所选出的事件或问题就是"锚"，对问题的界定就是"抛锚"，故基于问题的学习也被称为"抛锚式教学"。

在对问题做出界定后，小组成员还要进一步讨论对于需要解决的问题来说，已知的信息有哪些，还需搜集的信息有哪些，可以从哪些渠道去获取这些信息，可以通过什么方式获取，周围又有哪些可以利用的资源等。通过讨论，小组成员共同研究并提出解决问题的假设，确定研究的计划，并进一步明确小组各个成员的任务和分工。

第三，探究、解决问题

小组各成员根据自己的任务分工，通过与其他成员讨论或收集资料的形式，来完成自己的工作。通常收集信息的途径有调查、访谈、查阅资料和上网等。小组成员完成自己的任务分工之后，在小组内将各成员收集的信息进行汇总、整理、分析、加工，评价、判断信息的有效性和充足性。在获取了充分的信息后，小组成员之间开始讨论和交流解决问题的建议、主张、方案，然后实施所确定的解决方案并检查实施效果。若不能解决，需要继续寻找原因及解决的办法。

第四，展示结果，成果汇总

在各小组都解决了所确定的问题，或对问题的解决达到了某一阶段之后，要给学生提供一个讨论交流的机会，让他们将自己的成果展示给同学，与同学共享自己的成果。结果的展示可以是对某一问题解决的建议、推论和方案，可以是自己或整个小组解决问题的过程，也可以针对自己未能解决的问题向全班同学征集意见等。

总之，这一环节就是给学生提供一个相互交流和讨论的机会，让他们相互之间共享资源、方法、过程和成果。如果可以，在展示之前，可以先将各小组的资料彼此交换和阅读，以便于交流和讨论。在小组汇报完成后，教师还要有意识地引导学生去思考从他人那里可以获取哪些信息或学到哪些知识。要鼓励学生使用多种方式展示成果，如电子文档、多媒体、动画、表格、网页等，也可以将其以调查报告或解决方案的报告等形式展现。

第五，评价，总结，反思

在小组展示完成果之后，教师要组织多种形式的评价，如学伴互评、教师评价、自我评价等。在评价时，除了评价小组的解决方案，还要评价小组的合作情况、活动的开展情况和小组成员的表现情况等。评价可以以多种形式呈现，如口头陈述、书面报告、作品集、实践考试或书面考试等。

（3）基于案例学习的教学模式

1）模式简介

案例教学最早可以追溯到古希腊、古罗马时代，但它真正作为一种教学模式是在1910年美国哈佛大学的法学院和医学院。20世纪初,案例教学开始被运用于商业和企业管理学,其内容、方法和经验日趋丰富和完善。尤其是在现代社会,人们对知识的实际应用能力、决策能力提出了更高的要求。在这种情况下,案例教学作为一种行之有效的、务实且有明确目的的、以行动为导向的训练越发受到人们的广泛重视。

2) 教学过程

简单地说,一个案例就是一个实际情境的描述。在这个情境中,一是案例要包含一个又一个的事件,通过事件展示事件演进的过程;二是事件中要包含问题或疑难(如矛盾、对立、冲突),才有可能成为案例;三是事件具有典型性,可以反映一定问题,给学习者带来启示;四是事件真实、有趣,像一个故事一样。案例教学的实施步骤如下:

①学习前准备

选择好恰当的教学案例后,进入整个学习的准备阶段。基于案例教学的网络交互学习环境中,学习准备阶段涉及三个方面的准备:

教师的准备

教师要深入研究案例,思考案例涉及哪些知识和基本理论观点,哪些又是比较重要的,以便于引导学生在思考案例的同时掌握相关的知识。

评估一下在课堂讨论中是否会出现一种观点占上风的现象。如果出现这种情况,要想办法扭转。

学生能否积极主动地参与学习活动,是案例教学成功的关键。学生的参与程度与教师的有效引导密切相关。在案例教学的整个准备过程中,教师可以通过聊天室、论坛等与学生进行实时交流,也可以通过公告板、电子函件等非实时交流工具,将案例提前发给学生,为其在学习过程中的讨论奠定基础。

学生的准备

学生需要认真阅读案例。阅读案例是进行案例教学,开展案例讨论和案例分析的基础。从案例中找到有效信息之间的联系,完成信息的取舍,为案例实施过程中的讨论做好准备。学生可以自愿选择,组建学习小组。在小组学习中,学生之间能够相互启发、补充,集中大家的智慧,共同解决案例难题,提高学习效率。

环境的准备

环境准备是指在学习的整个过程中学生所需要的各种信息化的学习工具和信息化的学习支持等。交流、讨论贯穿于案例教学的整个过程。要确保学生有良好的交流、讨论环境,以方便教师、学生、学习资源之间进行有效的信息交换。

②课堂的实施

案例引入

对于自己编写的案例，教师可以介绍一些有关写作案例时的感受、趣闻、轶事，以引起学生的注意。对于他人编写的案例，教师可以提示一下这个案例讨论的难度，案例需要达到的目标，提醒学生予以注意。

案例讨论

在案例讨论中，常常提出诸如案例中的疑难问题是什么，重要的信息有哪些，如何解决问题，应该制订怎样的实施计划，什么时候将计划付诸行动以及如何付诸，如何进行整体评价等问题。

在实施案例学习阶段，学生根据自己的准备和对案例的理解进行讨论、交流。在讨论的过程中，可能会因意见不统一而发生争论，或者出现"冷场""走过场"等现象。这时候教师要善于因势利导，通过留言板、教师公告等交流工具，通过提示或暗示，激起学生的好奇心和求知欲，将学生的思维引入正题，避免偏离教学内容。在讨论一个案例时，至少要有两种不同的解决问题的备选方案。这时教师可以一个方案地进行讨论，列出每种方案的优点与缺点，然后进行对比分析，最后在此基础上确定出一个最佳的方案。概括总结

在这个阶段，既可以让学生自己总结，也可以由教师来做总结。通过公告板等形式，对案例进行总结归纳，讲明案例中的关键点以及该案例讨论当中存在的长处和短处。此时，教师可以帮助学生进一步的认识和理解案例，强化他们的学习。

③巩固阶段

在巩固阶段，让学生重温案例，并结合同学之间的讨论交流进行反思。这样能够让学生对自己的思想进行再一次的整理和补充，使之更加具体化、条理化和结构化。或者通过网络提交他们的案例分析报告，在完成个人反思的基础上，进一步丰富完善自己的问题解决方案，把最终结果简明地表达出来，以巩固学习的内容。

④评价

学生是案例学习的主体。学习得成败与否最终取决于学生的收获。因此，在学习的最后阶段对学生进行的测试便是一种总结性的评价方法。但是在基于案例教学的网络交互环境下的学习，不仅要注重结果，更应注重过程。评价应该处于学习流程的每个阶段。在学习前的准备阶段、实施案例教学中、案例学习的巩固阶段都能够对学生进行多角度的评价。

（4）基于项目的教学模式

1）模式简介

基于项目的教学模式，是通过实施一个完整的项目而进行的教学活动。其目的是在课堂教学中把理论与实践教学有机地结合起来，充分发掘学生的创造潜能，

提高学生解决实际问题的综合能力。

2）教学过程

①创设情境／提出问题

情境创设是将学习活动与人融入一种真实的情境中，提供综合反映学习内容或与学习内容相关的现实材料或真实情况，让学生与教师共同进行探讨。创设情境应根据教学内容和学生兴趣特征来设计，如根据学生兴趣创设情境，根据学生需求创设情境，根据社会热点创设情境，根据信息技术的发展方向创设情境，根据名人典故创设情境等。

②明确项目任务

通常由教师提出一个或几个项目任务设想，通过与学生讨论，最终确定项目的目标和任务。在进行项目任务设计时，应该引出与所学领域相关的概念原理；项目应该具有足够的复杂性，为学生的探索预留一定必要的空间；项目能够随着问题解决的进行自然地给学生提供反馈，让他们能很好地对知识、推理和学习策略的有效性进行评价，并促进他们的预测和判断。

③探究／解决问题

当问题呈现在学生面前时，他们会基于以往的经验和认知能力形成对问题的解释，提出他们的假设。然后根据问题的复杂度、多样性和具体设备限制等情况，以个人或小组为单位，利用因特网、图书馆、阅览室多渠道地进行学习。学生遇到问题时，教师不直接告诉学生应当如何去解决面临的问题，而是向学生提供解决该问题的有关线索，如需要搜集哪一类资料，从何处获取有关的信息资料，以及现实中专家解决类似问题的探索过程等。另外，教师还要重点辅导学习有困难的学生。

④展示结果／成果汇总

利用多种不同形式来报告自己的结论以及得出结论的过程，如数学分析、图表、口头报告、戏剧表演等。汇报时要准备好相关的证明材料，以说明自己的观点、方案等。先由学生对自己的工作结果进行自我评估，再由教师进行检查评分。师生共同讨论和评判项目工作中出现的问题、学生解决问题的方法以及学习行动的特征。通过对比师生评价结果，找出造成结果差异的原因。

⑤评价／延伸

评价的应用不仅是作为测试学习的一种工具，而且是促进、加强个人和小组学习的工具。延伸是对学生未来发展的拓宽、激励和再创造。教师要注意收集学生平时的优秀作品，有条件的可放到自己学校的网站中，还可以将一些优秀的学生作品推荐发表。这既能作为同主题下一轮或其他主题的学习活动的参考资料，又可为综合活动课程的题材积累提供素材。

（5）基于资源的主题教学模式

1）模式简介

基于资源的主题教学是指学习者围绕着一个主题，通过充分发掘和利用各种不同的资源，并遵循科学研究的一般规范和步骤而进行的一系列探究活动。这种教学模式以学习者为中心。学生作为信息的搜集者和翻译者，通过使用信息工具解决实际问题，并完成知识的建构。教师只是学生学习的帮助者和督促者。

基于资源的主题教学能够提高学习者的问题解决、探究和创新等能力，有利于学习者学科素养和信息素养的提升。它有以下基本特征：

①可利用资源的广泛性。该教学模式中的资源并非专指网络资源。它可以是对学习者的学习有帮助的任何形式的资源。

②学习的主题性和主题的情境性。资源本身并不能解决基于某一主题的真实问题。它需要经过学习者的加工和处理，才能用来解决问题。而学习者对资源进行加工处理的过程就是情境化的过程。在这种教学过程中，资源的汇集是源于某一主题，而资源的情境化则有助于主题问题的解决。

③跨学科性。这种教学模式需要学习者综合利用各相关学科的知识来解决某一主题问题。它突破了单一学科教学的局限性，实现了多种学科知识的整合。它在提高学生兴趣的同时，培养了学生对知识进行融会贯通的能力，对学生多角度和多层面思考问题能力的培养很有帮助。

④任务的驱动性。学生通过解决某一主题下的一系列子问题来达到学习的目标。而这些与实际生活密切相关的问题，容易使学生积极投入到学习之中，并给学生带来一种成就感。

⑤探究性。探究是基于资源的主题教学模式的核心手段和方法。学生通过探究，在解决问题的过程中学会综合利用知识，并内化知识。通过探究，学生在亲自动手和动脑的过程中学会学习，并体会到学习的乐趣。

2）教学过程

①分析学习者

为了确保基于资源的主题教学能够有效地进行，需要先对学习者的学习准备进行分析，即分析学生已经具备的知识、使用学习资源的能力和学习的风格。其中，对学习风格的分析，要侧重于分析学生支持同质分组或异质分组的适应能力，以便确定学习组织形式。

②确立教学主题

基于资源的主题教学，通过研究主题，将教学内容与学生信息素养的培养结合在一起，因此需要对研究主题进行精心设计，并以此组织教学过程中可能用到的资源。教学主题一般选取与教学目标和学生的学习、生活等密切相关的社会问题，让学生在解决这些问题的过程中完成知识和技能的迁移。

③创建教学资源环境

教学资源环境的创建分三步：首先选择合适的教学资源；然后对这些资源进行处理，如进行数字化的处理等；最后依据一定的原则，将这些资源组建为教学环境。

④实施教学

教师在进行基于资源的主题教学时，要运用恰当的方式组织学生学习。此外，在教学过程中还要注意师生之间的交流与合作。

⑤进行评价

在评价时，既要对教学的效果进行评价，包括教学内容的范围、学习材料的深度，以及网上发布的形式和方法等，又要对所选资源的学习效果进行评价，还要对学生适应学习环境的能力进行评价，包括学生控制环境的能力、读写信息的能力等。基于资源的主题教学模式鼓励学生通过自我评价来完成知识的建构。它需要学生在学习过程中不断对自己的知识、技能和学习能力进行评价，并及时做出调整。

总之，信息化教学中的策略和方法是固定的，但是信息化教学的模式却是灵活多变的。本书所介绍的五种信息化教学模式，只是为了抛砖引玉，希望广大教师在教学过程中，根据教学实际，积极主动地思考，探索出更符合信息化教学的模式。

四、信息技术对教师的影响

随着信息技术的飞速发展及其影响的日益扩大，教育领域正在经历着深刻的变革。而教育活动中的关键人物——教师，在其影响下也正发生着相应的变化。信息技术对教师的影响主要体现在以下方面：

（一）现代信息技术扩展了教师的概念

教师一直被我们称作知识的传播者和人类灵魂的工程师，然而计算机的出现却使教师的概念发生了变化。教师不再是指那些拥有丰富的专业学科知识，从事教育教学活动的传统教学人员，基于计算机软件技术的电子教师也加入了教师的行列。所以在目前的教育中，同时存在着两种类型的教师：传统的教学人员和电子教师。其中，以传统的教学人员为主，电子教师只是处于辅助教学的地位。电子教师，即计算机辅助教学，不仅具有视听的功能，还能进行人机交互，使得学生可以直接进入教学活动，并能及时得到评价信息和决策意见，从而实现个别化的学习。电子教师使教师与学生的实体分离成为可能，赋予了学生自主选择教学内容的权力。目前，人们一直在争论电子教师是否会取代传统教学人员的问题。不管将来如何发展，现阶段高校教师需要做的不是担心自己的教学地位是否会被取代，而是应该学会如何充分发挥电子教师的作用，让电子教师分担我们向受教育者传播科学文化知识和进行思想道德教育的社会职能。

（二）现代信息技术使教师的职能发生了变化

信息时代的教师要加强对学生学习方法的指导，使学生由知识的被动接收者转变为知识的主动探索者，同时要学会终身学习，成为教学工作的研究者，更要成为学生学习的引导者和顾问。在信息时代，传统教学人员和电子教师将一起承担起教学的任务。对于向学习者传授"是什么"和"为什么"这些知识的任务由电子教师担负，传统教学人员主要是组织学生进行学习，告诉学生应该"学什么"和"怎样学"。

（三）现代信息技术使教师的教学方式发生了变化

传统教学的教学方式是填鸭式的讲授，整个课堂上只有教师一个人的声音。在信息时代，信息与知识的爆炸性膨胀使得教师不再拥有知识的专属权和权威性。在这种情况下，教师要成为学生求知过程的合作者和向导，要引导学生进行积极主动的学习和探索活动。

（四）信息时代教师角色的转变

高校教师要想胜任信息化教学中的教学工作，还需要突破传统的角色定位，为自己树立新的角色形象，实现教师角色的多元化。信息时代的教师要扮演以下四种角色：

1.指导者

在信息化教学中，教师将退出信息传播的主体角色，成为学生学习的指导者。教师要从系统的角度来组织学生学习的整个过程，安排相关的细节，以避免学生学习目标和学习过程的盲目性。另外，教师对学生在网络上的学习要精心地监控，为学生在网络信息中的遨游导航，避免学生迷失在网络信息的海洋中。

2.伙伴

建构主义认为学习者对知识的建构不仅依赖于自身原有的知识水平和经验，而且在一定程度上与学习伙伴之间对问题的共同探讨或理解有关。因此，在信息化教学中，教师不仅是教学活动的组织者和指导者，也应成为学生学习的伙伴。教师与学生之间的相互讨论有利于师生的共同进步和提高。

3.研究者

在传统的教育中，课程的设计开发都是由专门的人员来完成的，教师并没有参与其中的研究。然而在信息化教学中，教师不再以教材的讲授者身份出现，而应成为课程的开发者和设计者。教师要主动参与到课程的研究与编制，课程目标的确立，课程结构、课程内容和媒体的优化组织中来。

4.学习者

随着信息技术的发展和社会、经济各方面的急剧变化，终身学习成为时代对每一个公民的要求，作为教育教学活动中的关键因素，教师的终身学习成为我们无法回避的一个问题。因此，广大教师要不断地完善自己的专业素质，调整自身的知识结构，学习新的教育观念，培养创新意识，树立崇高的职业品质，以适应教育信息化、现代化和国际化的发展趋势。

五、信息化教学对教师的素质要求

目前，教育强调教师主导下的学生主体作用的发挥。这种观念打破了传统教学中"教师讲、学生听"的模式，主张在教学过程中充分发挥学习者的主动性和积极性，教师成为学习的帮助者和促进者，帮助学生建构起自己的知识体系，帮助学生掌握自主探究知识的方法。新的教学理念和新的教学模式要求教师要具备相应的知识结构。信息化教学中的教师只有具有教学能力、信息素养、科研能力和终身学习能力这四个方面的能力素质，才能适应现代教育和信息化教学。[①]

（一）信息化教学能力

教师要具备信息化教学的技能，首先要以现代教育观念作为教育教学活动的指导思想。现代教育观念强调在新的教育理念指导下开展教育教学活动，主张运用现代信息技术来优化教学效果，强调对学习者的学习需求和学习特点的分析，注重对学习者个性需求的满足，强调素质教育和创新人才的培养。

1.信息化教学设计能力

教师进行信息化教学的设计时，要以教学设计理论为基础，统一协调教学过程中的各要素及其相互之间的关系。教师要以一种系统、整体的教学设计思想与方法来设计和开展教学工作。教师进行信息化教学设计时，首先要进行学习者需求分析，确定学习目标，并搜集和设计学习资源，选择合适的认知工具和教学策略，综合运用多种评价手段来对学习者的学习过程进行评价。

2.信息化教学实施能力

信息化教学实施能力是教师在信息化教学设计的基础上，对教学设计方案进行实现的能力。信息化教学实施能力与传统教学中的实施能力不同。它不再是单

---

①尹新，杨平展主编.融合与创新 高校教育信息化探索与实践［M］.长沙：湖南科学技术出版社，2018：98—99.

纯地讲授和答疑，而是更注重对各学科的整合，更重视对问题的解决，更强调学校教学和社会教育的连续性，更重视对学习者创新能力的培养，更强调在信息技术环境下的合作活动的开展和基于问题的教学活动的开展。[①]

3.信息化教学监控能力

教学监控能力是为了达到预期的教学目标，将教学活动本身作为意识对象，不断对教学的全过程进行积极主动的计划、检查、评价、反馈、控制和调节的能力。这是教师教学能力结构中的高级形式。通过教学监控，教师能够调节其他的教学能力和教学行为。信息化教学中，教师角色的变化、学习者学习形式的多样化以及教学过程的复杂化对教师的监控能力提出了更高的要求。它要求教师在充分满足学习者个性需要的基础上，对教学过程中的各个要素进行更加全面的监控。

（二）信息素养能力

信息素养是信息时代每个公民都应当具备的能力。作为信息化社会的教师，掌握基本的信息技术，具备一定的信息素养，既是时代的要求，也是这个职业对我们提出的要求。教师的信息素养主要包括信息意识、基本的信息素养、应用信息的能力、媒体的选择与应用能力和信息技术与课程整合的能力。

1.信息意识

所谓信息意识，就是教师要具有感受信息的敏感性，要对新的和重要的信息具有感悟能力，要能够积极主动地挖掘、搜集和加工信息，要有意识地将信息灵活运用到教学实践活动中去。

2.基本的信息素养

信息时代的教师要具备信息的基础知识和计算机的基本技能，要了解信息技术基本的理论、知识和方法，要了解信息技术与学科课程整合的基本知识，要掌握计算机的基础知识，能够熟练应用计算机来处理教学中的日常工作，如学生考试成绩的处理、测验试题的编写等。此外，教师要想充分地利用网络资源来开展教学活动，还应具备一定的网络知识。

3.应用信息的能力

信息时代的教师要具备新型的读写能力，要掌握新的阅读方式和写作方式，要具有进行网上查询信息的能力。面对因特网这个巨大的资源，教师要从信息的海洋中筛选、整理出自己所需要的信息来，对信息进行加工和利用，还要创造开发新信息，使其为我们的教学活动服务。

[①]尹新，杨平展主编.融合与创新 高校教育信息化探索与实践［M］.长沙：湖南科学技术出版社，2018：23—24.

4.媒体的选择与应用能力

信息技术的飞速发展为我们的教学提供了丰富的媒体资源。面对众多的教学媒体，教师要能够根据学科的特点和特定的教育对象，围绕教学目标和教学内容，选择最佳的媒体，以提高教育教学质量。

5.信息技术与课程整合能力

信息技术与课程的整合需要教师具备将信息技术与不同媒体进行优化组合的能力，将信息技术有机地融入到学科教学中，让信息技术在教学中发挥出巨大作用。

（三）教学研究能力

随着信息时代的到来，信息化教学的逐步推进，教育的各方面都呈现出许多新的规律。而要想发现和了解这些新规律，就迫切需要培养教师的科研能力，从而使教育教学工作尽快地适应信息社会的需要。我们这里所说的教学研究能力，是指偏重于教学实践应用层次的研究能力。因此，我们的教师在教学过程中，要有意识地用研究者的眼光去发现问题，要善于运用现代教学理论和科学研究方法创造性地解决问题，要善于发现和总结规律。信息时代的教师，不仅是现代教育的实践者，还应是现代教育规律的发现者。

（四）终身学习能力

随着信息技术的发展，终身学习成为社会进步的必然趋势，也成为教师适应教育现代化的必备技能。教师的终身学习能力主要是指教师在信息化社会中，能够有意识地不断学习各种最新的教育理论，时刻关注教育和本学科的最新发展，乐于接受新知识和新技术，注意更新自己的专业知识体系和能力结构，使自己始终自我发展和自我完善，使自己始终保持职业能力的适应性。[①]

第二节　教育教学信息化学习方法

一、高校教学方法

（一）教学方法概述

1.教学方法的定义

教学方法是教育者和学习者为了完成一定的教学目标和任务，运用一定的教

---

①郭亦鹏.高校教学管理信息化建设［M］.长春：吉林大学出版社，2016：52—53.

学方式和教学手段而形成的教与学的活动途径和步骤。由于时代、社会背景、文化氛围的不同，研究者研究问题的角度和侧面的差异，使得中外不同时期的教学理论研究者对"教学方法"概念的解说不尽相同。[1]国内外学者对教学方法有不同的解释，归纳起来大致有三个角度。第一，从广义或宏观的角度，把教学方法看作教学活动方式的总和。如"教学方法是指教师和学生在教学过程中，为达到一定的教学目的，根据特定的教学内容，共同进行一系列活动的方法、方式、步骤、手段和技术的总和"。第二，从行为动作的角度，把教学方法看作教师和学生的行为方式或工作方式。如"任何教学方法都是教师的一整套有目的的动作，教师通过这些动作组织学生进行认识活动和实践活动，使学生掌握教学内容，从而达到教学目的"。第三，从媒体或材料应用的角度达到教学目的，把教学方法看作是应用媒体进行教学的方法。如"教学方法是教师为达到教学目的而组织和使用教学技术、教材、教具和教学辅助材料，以促进学生按照要求进行学习的方法"。

2.教学方法的内在本质特征

教学方法是教学过程中教师与学生为实现教学目的和教学任务要求，在教学活动中所采取的行为方式的总称。教学方法的内在本质特点：

（1）教学方法体现了特定的教育和教学的价值观念，它指向实现特定的教学目标要求。

（2）教学方法受到特定的教学内容的制约。

（3）教学方法要受到具体的教学组织形式的影响和制约。

3.对教学方法的理解

对教学方法可以从以下几个方面来理解。

（1）从方法论角度来看

教学方法是指具体应用的方法，从属于教学方法论，是教学方法论的一个层面。教学方法论由教学方法指导思想、基本方法、具体方法和教学方式四个层面组成。教学方法包括教师教的方法（教授法）和学生学的方法（学习方法）两大方面，是教授方法与学习方法的统一。教授法必须依据学习法，否则便会因缺乏针对性和可行性而不能有效地达到预期的目的。但由于教师在教学过程中处于主导地位，所以在教法与学法中，教法处于主导地位。

（2）从与教学方法密切相关的概念来看

教学方式和教学手段是构成教学方法的要素，不能将它们等同于教学方法，也不可将教学模式与教学方法混为一谈，一种教学模式是由多种教学方法组成的。

---

①唐华丽著.高校教育教学管理研究［M］.长春：吉林文史出版社，2022：44—45.

教学方法必须依据一定的教学理论，指向一定的目标，应用具体可操作的程序或一系列可操作的环节，解决一定的问题。

教学方法与教学方式：教学方法不同于教学方式，但与教学方式有着密切的联系。教学方式是构成教学方法的细节，是运用各种教学方法的技术。任何一种教学方法都由一系列的教学方式组成，可以分解为多种教学方式；另一方面，教学方法是一连串有目的的活动，能独立完成某项教学任务，而教学方式只被运用于教学方法中，并为促成教学方法所要完成的教学任务服务，其本身不能完成一项教学任务。

教学方法与教学模式：教学模式是在一定教学思想指导下建立起来的为完成某一教学课题而运用的比较稳定的教学方法的程序及策略体系，它由若干个有固定程序的教学方法组成。每种教学模式都有自己的指导思想，具有独特的功能。它们对教学方法的运用，对教学实践的发展有很大影响。现代教学中最有代表性的教学模式是传授一接受模式和问题一发现模式。

3.从教学方法间的共性来看

教学方法虽然有着不同的界定，但它们之间有着一定的共性。教学方法要服务于教学目的和教学任务的要求；教学方法是师生双方共同完成教学活动内容的手段；教学方法是教学活动中师生双方的行为体系。

（二）传统教学方法的分类

古今中外的教学方法的确五花八门，名目繁多。对教学方法的分类也是众说纷纭、莫衷一是。因此，有必要将其做以分类，以便更好地分析、认识它们，掌握它们各自的特点、起作用的范围和条件，以及它们发展运动的规律。其实进行教学方法的分类就是把多种多样的各种教学方法，按照一定的规则或标准，将它们归属为一个有内在联系的体系。

1.不同学者对教学方法的分类

巴班斯基依据对人活动的认识，认为教学活动包括了这样的三种成分，即知识信息活动的组织、个人活动的调整和活动过程的随机检查。把教学方法划分为三大类：第一大类，组织和自我组织学习认识活动的方法；第二大类，激发学习和形成学习动机的方法；第三大类，检查和自我检查教学效果的方法。威斯顿和格兰顿依据教师与学生交流的媒介和手段，把教学方法分为四大类：教师中心的方法，主要包括讲授、提问、论证等方法；相互作用的方法，包括全班讨论、小组讨论、同伴教学、小组设计等方法；个体化的方法，如程序教学、单元教学、独立设计、计算机教学等；实践的方法，包括现场和临床教学、实验室学习、角色扮演、模拟和游戏、练习等方法。

2.我国常用的教学方法分类

目前，我国常用的教学方法常以学生认识活动的不同形态作为标准，将教学方法分为：

（1）以语言传递为主，获得间接经验的教学方法，如讲授法、谈话法、讨论法、读书指导法等；通过直观演示，获得直接经验的教学方法，如演示法、参观法、现场教学法等。[①]

（2）以实际训练形式，形成技能技巧的教学方法，如练习法、实习法、实验法等。

（3）以欣赏活动为主，获得情感态度技能的教学方法，如情境陶冶法。这些教学方法之所以经常被采用，主要是因为它们都有极其重要的使用价值，对提高教学质量具有特定的功效。[②]但任何教学方法都不是万能的，它需要教育者必须切实把握各种常用教学方法的特点、作用、适用范围和条件，以及应注意的问题等，使其在教学实践中有效地发挥作用。

（三）教学方法选择的基本标准与运用

1.教学方法选择的基本标准

教学有法，但无定法，贵在得法。教学方法是连接师生双方的桥梁。从过去到现在，从传统到现代，人们创立了各式各样的教学方法。任何教学方法，都是为实现教学目的服务的。教学方法与教学目的、教材内容、教学对象，有着内在联系。运用教学方法，实际上就是把教师、学生、教材内容有效地连接起来，使这些基本因素有效地发挥其各自的功能作用，从而通过所产生的教学效果，来实现教学目的。因此，选择教学方法必须依据教学目的、教材内容、教学对象，还要依据教师本身的特点和素养条件。

（1）依据教学目标选择教学方法

不同领域或不同层次的教学目标的有效达成，要借助于相应的教学方法和技术。教师可依据具体的可操作性目标来选择和确定具体的教学方法。教学目标将教学的一般性任务具体化，是一个有着多种具体内容的目标群，既有知识信息方向的，也有认知技能、认知策略方向的等。每一方面的目标都须有与该目标相称的教学方法。不同的教学方法有不同的适应对象，没有一种最好的能适应各种教学情况的教学方法。

[①]杨波著.信息技术教学与创新［M］.广州：广东人民出版社，2018：66—68.

[②]尹新，杨平展主编.融合与创新 高校教育信息化探索与实践［M］.长沙：湖南科学技术出版社，2018：92—93.

（2）根据学生的特征选择教学方法

学生特征直接制约着教师对教学方法的选择，这就要求教师能够科学而准确地研究分析学生的基本特征，有针对性地选择和运用相应的教学方法。学生特征主要指心理特征和知识基础特征两方面。学生的心理特征主要在于强调学生年龄差异造成的在心理发展水平上的差异。教学方法应该顾及不同年龄的不同心理特征。学生知识基础特征主要是考虑学生原有知识基础或认知结构，强调学生已掌握的知识及其认知方式对学习新知识的迁移作用。

（3）根据学科内容选择教学方法

不同学科的知识内容与学习要求不同；不同阶段、不同单元、不同课时的内容与要求也不一致，这些都要求教学方法的选择具有多样性和灵活性的特点。学科内容决定了一般教学方法在各门学科中的特殊形式。艺术性强的学科知识和科学性强的学科知识在教学方法上是有着很大差别的。这是因为通向这些知识的心理过程不同。某些方法具有较强烈的学科特点。

4.依据教师的自身素质选择教学方法

任何一种教学方法，只有适应了教师的素养条件，并能为教师充分理解和把握，才有可能在实际教学活动中有效地发挥其功能和作用。一般说来，教师往往使用那些掌握得比较好的教学方法，当然教师在实践中总会因自身的某些方面的特点，并根据自己的实际优势，扬长避短，选择与自己最相适应的教学方法。

（5）依据教学环境条件选择教学方法

教师在选择教学方法时，要在时间条件允许的情况下，应能最大限度地运用和发挥教学环境条件的功能与作用。

2.教学方法的有效运用

教师选择教学方法的目的，是要在实际教学活动中有效地运用。

（1）不断丰富和调整自己的教学方法

在教学实践活动中，每一种课型、每类问题，都有其自身的特点。教师在教学实践中，都不同程度地积累了自己富有实效的应对方法。这些方法也许是学来的，也许是自己创造的，但都有一个共同的优势，那就是适合自己的特点。选择什么样的教学方法要看它是否适合眼前的学生、是否符合新的教材和大纲要求，新的年级、别的教师等能否应用，不能用又将如何修改、调整，这些也是教学方法积累中必须要考虑的。

（2）积极吸取已有的教学方法

在教学实践活动中积极吸收先进的教学方法是每一个教师的愿望，目前在国内外，存在着大量的经过实践证明是行之有效的教学方法，这些方法通过不断地应用并在实践中检验、论证，正日臻完善，与传统的教学法相比已有许多新的发展。根据自己教学实际的需要，吸取已有的教学方法为自己的教学所用，是应该提倡的。应用中要注意遵从教学策略的要求，切忌简单机械地任意套用，要适合自己的实际条件。

（3）教学方法的组合

在教学活动中，一节课，一个问题地解决，依靠一种方法往往难以完成任务。这就需要各种教学方法的搭配或有机组合。在组合、搭配教学方法中往往存在着方法之间的矛盾，从而影响解决问题的效率。在具体的教学中，应使所需要采用的多种方法构成有机的整体，以便更高效地解决问题，这就是已有教学方法的有机组合，也是形成教学策略的又一重要途径。

（4）教学方法的创新

为了不断适应新的社会环境和新的教育观念，为了各学科知识体系的不断更新和教学条件的不断改善，教学方法也必须有新的发展。教学实践中，在充分吸取原有教学经验的基础上，我国教学方法改革在教学实践中取得了突出成果。这些新方法有一个共同的特点，就是充分调动学生的学习积极性，激发学生学习兴趣和求知欲，强调教学应该教学生如何学，促进学生个性的发展。

3.信息化教学的教学方法

虽然信息化教学有很多模式，但是它们都是对各种教学方法和教学策略的综合应用和整合。信息技术下的教学方法有三种：情境创设式教学方法，探究、发现、归纳式教学方法，异步教学方法。

（1）情境创设式教学方法

情境创设式教学方法就是根据一定的德育目标，有意识地创设或优化一种教育环境或氛围，让学生在一种模拟的道德情境中，产生心理的共鸣，形成美好、高尚的道德情感，从而发展一种完整的人格。

情境教育充分运用了各种有效的直观手段来刺激学生的感官，诱发学生的兴趣，培养学生的美感，从而激起学生强烈的情感活动或体验。它可以通过三个途径来实现，即课外活动、跨学科的学习以及野外活动。情境教育通过创设亲、助、乐的人际情境和美、趣、智的教学情境来帮助学生形成最佳的情绪状态；它格外注重学生主动投入或参与教育教学的过程，旨在将教育教学内化为学生学习的内在需求而非一种外部的驱动；它通过创设一定的情境，让学生来担当特定的角色，以此将学生的被动学习转化为主动学习。情境教育的本质是以学生的情感发展规律及情感需要来组织教育教学，但它并不排斥认知活动，而是与认知活动同步进行的。

（2）探究、发现、归纳式教学方法

探究、发现、归纳式教学方法强调为学生创设一种能够自由探索、发现新事物和归纳经验的学习环境。它注重对学生概括和迁移能力的培养，重视将现有的问题解决技能运用到新的情境与领域中，突出了条件性知识对探究、发现和归纳过程的监控调节的作用。

其教学程序是设计疑问，引发学生的兴趣。在学生有了探究欲望后，教师要及时点拨，引导学生进行探索。在学生经过一番探究后，要给学生提供交流自己发现的机会，让学生在交流和讨论中，逐渐发现知识的内在联系和规律。在学生掌握了一定的知识和规律后，教师要拓宽学生的思路，鼓励学生进行质疑，力求举一反三，从而形成一个较完整的结构体系。

探究、发现、归纳式教学方法能够使学生以一种积极的方式投入到学习中，在教师的引导下，不断地发现问题和解决问题。它能够使学生的多种感官和思想、情感投入到学习中，有利于学生创新能力的培养。这种教学方法的本质在于能够使学生的知识、能力和思想都得到发展。

（3）异步教学方法

异步教学方法作为一种实施素质教育的现代教学模式是由湖北大学的黎世法教授创立的。在这种方法中，学生是学习的主人，教师是学习的主导者。异步教学就是从学生的个体差异出发，来实现学生学习的个体化，使学生成为学习的主人。通过教师的异步指导，来充分发挥教师在学生学习过程中的主导作用。异步教学方法打破了传统教学中以教师为中心的局面。它面向全体学生，照顾到个体差异，有利于因材施教。它通过培养学生的自学能力和科学的思维，发展了学生的创新能力，为学生的全面发展创造了条件。

二、信息化教学方法概述

（一）信息化教学方法的涵义

信息化教学方法是教育者和学习者为达到一定目的，使用现代教育媒体而形成的教与学的活动途径和步骤。这种工作方式主要指教与学的活动途径和步骤。信息化教学方法是教学方法体系的一个组成部分，与其他教学方法没有本质上的差别。但是，信息化教学方法强调媒体或信息技术手段的应用，是围绕现代教育媒体的应用而形成的方法。

信息化教学方法必须依靠现代教育媒体而展开工作。这是其区别于其他教学方法的特征。在信息化教学方法中，现代教育媒体的作用是多种多样的，在不同的教学环节中其作用可以有大有小，但它们却是不可替代的。

信息化教学方法必须依据一定的教学理论而展开工作。这是一切教学方法的共性。信息化教学方法不刻意追求某一个教学理论，各种现代教学理论对信息化教学方法都具有指导意义。此外，现代教育媒体的应用并不意味着信息化教学方法与现代教学理论就有了天然的联系，先进的思想可以影响它，传统的思想也可以影响它。从某种意义上而言，信息化教学更需要现代教学理论的指导。

信息化教学方法必须指向一定的目标，解决一定的问题。教学方法的应用要在教学目标的导向下进行，如果没有目标，教学方法也难以有成效。信息化教学方法有其结构。这一结构是根据教学的需要，应用现代教育媒体而形成的一系列步骤、环节和过程等。教学方法在实施中都要展开其步骤和环节等结构性因素，但是信息化教学方法的实施、现代教育媒体的应用会使这些结构性因素发生变化。如有些教学活动，在现代教育媒体的支持下，可以使教学双方的步骤非同步展开。

信息化教学方法来自两方面：其一是在原有的教学方法的基础上融合了现代教育媒体的应用，使得这些方法有了新的特点，如在传统的讲授法的基础上结合了幻灯、电视等媒体的演播；其二是在运用现代教育媒体的基础上形成了新的教学方法。

（二）信息化教学方法的分类

从不同的性质特点出发，可把信息化教学方法分成不同的种类。分类的目的在于明确各种信息化教学方法的概念、特点，以便能够正确选择运用。

1.从学科性质分类

按照学科性质的不同，信息化教学方法可分为语文信息化教学法、数学信息化教学法、物理信息化教学法、化学信息化教学法、地理信息化教学法等。学科信息化教学方法是研究信息化教学媒体在不同学科中的运用方法，主要是研究信息化教学媒体对不同学科内容的表现方法。

2.从媒体种类分类

信息化教学媒体丰富多样，各种不同的媒体在教学中有不同的使用方法。据此分为幻灯投影教学法、广播录音教学法、电视教学法、电影教学法、计算机辅助教学法、语言实验室教学法等。媒体教学法的实质是研究各种不同的媒体在教学中的具体运用，包括运用的原则、环境要求、具体方法等。

3.依据教学内容来分类

主要有以传授知识为主要目标的播放教学法和程序教学法、以训练学生技能为主要目标的微型教学法、以检查学生学习成绩为主要目标的成绩考查法。

（三）信息化教学的基本方法

目前，在教学实践中可用的信息化教学方法多种多样。在信息化教学中，必定要借助于一定的信息化教学方法具体运用到各学科各课题，这就需要教师利用有限的几种基本教学方法，根据具体教学情况加以选择或综合运用，从而创造出适用于某一学科中某一课题的某一具体情景的具体教学方法。那么，面对可供选择的信息化教学的基本方法，我们究竟选用什么样的方法好，如何运用恰当的教学方法来帮助我们实现有效的信息化教学呢？这就要求我们了解这些方法，对它们进行具体的分析，讨论这样一些问题：不同的信息化教学方法各有哪些特点？有哪些优势？由哪些具体活动组成？适用的范围和条件如何？当我们从这些方面对信息化教学的基本方法进行具体的分析之后，就能较好地认识它，教师便可根据教学内容的不同、教学对象的差异、教学目标的区别、教学时间的松紧和自己的特长，选择、运用一种或几种基本教学方法创造出生动活泼的具体教学方法。下面围绕信息化教学方法的特点、优势、应用步骤、适用范围和条件等问题，介绍一些基本的信息化教学方法。

1.讲授—演播法

讲授—演播法是将教师的讲授与播放媒体相结合的教学方法。这是课堂教学中最常见、最普遍的方法。教师的语言表达是进行教学信息传递的最基本的途径之一，讲授的方法具有最悠久的历史。现代教育媒体的出现，给古老的讲授法增添了现代化的色彩。其特点是讲授、讲解能充分发挥教师语言表达的优势，渗透教师个人的语言特色和魅力，可以将知识的逻辑关系和结构系统地传授给学生，以较少的时间向学生传授更多的知识；而媒体的演播可以让学生看到和听到所学的事物和现象，拓展了学生认识客观世界的时间和空间。在教师口头讲授的同时，利用媒体手段把讲授中的难点和重点内容，尤其是抽象的内容加以表现，或给学生提供直观形象的内容，或给学生设置情景，使教师的讲授锦上添花，既增加了教师对信息的表达能力，也丰富了学生获得信息的形式。

讲授—演播法把讲授的特点与媒体播放的特点结合起来。现代教育媒体在讲授—演播法中主要扮演辅助教师讲授的角色，如呈现事物和现象的图像和声音，增加感性的材料，烘托课堂气氛，精练板书等。讲授—演播法既可以教师讲授为主，媒体的播放围绕讲授而展开；也可以媒体播放为主，讲授结合媒体的播放而进行。

（1）第一种典型步骤的具体活动内容

1）唤起回忆、引入课题：利用媒体展示事物的图像，引起对该事物的回忆，同时引入课题。

2）提出问题、锁定任务：教师在对事物进行介绍的基础上提出问题，引出和锁定本节课的任务。

3）进行活动、实现目标：教师播放媒体，给学生观看相关的视听内容，并指导学生阅读文字材料，通过思考、回答问题等一系列活动实现教学目标。

4）总结完善：教师用投影片和概要、简练的语言进行总结。

（2）第二种典型步骤的具体活动内容

1）引入课题：用媒体展示具体事物的形象，暴露问题，把学生的注意力引入课题。

2）转化概念：把形象的东西转化成抽象概念。

3）学生活动：教师进一步提供新的材料，让学生进行思考、议论等活动。

4）教师总结：教师进行总结。

5）概念应用：学生在新的情境中运用所学的概念解决问题。

讲授—演播法的适用范围和条件：讲授—演播法适用于教材系统性强的学科，适于传授和学习事实、现象、过程性的知识。使用这种方法需要教师有较强的语言表达能力和运用现代教育媒体的能力，并且要求学生有较高的学习自觉性和听讲的能力。

2.程序教学法

程序教学起源于美国心理学家普莱西于1924年设计的第一架自动教学机器，形成于20世纪60年代斯金纳小步子直线式程序教学理论的提出。程序教学的理论基础是斯金纳创立的操作性条件反射学说和强化理论。

程序教学方法就是在这种理论指引下组合和提供信息的一种特殊方法，是教师根据一定的教育学、心理学和教学理论，按照评定的教学对象的状况，把预先安排的教学内容分解为按一定严格的逻辑顺序排列的小单元，构成程序教材。通过一系列专门的问题和答案，然后通过教学机器由学习者操作显示的教学方法。它要求学习者及时反馈并立即决定是否进到下一个小单元的学习。实际上，程序教学可以理解为一种自学方法。每位学生都可以支配自己的学习进度。每一步都建立在前一步的基础上，并能在每一步之后都能得到立即强化。程序教学法的特点是：在教学过程中，程序教学法的学生能够积极参与学习活动，思维始终处于高度积极的状态；能充分发挥学生的主观能动性，使学生创造性地学习；人机交互中信息反馈及时，强化有力、指导有方、评判公正；不同的学习者可以自定步调，适应个人的学习进度，有利于个别化教学。

（1）程序教学法的一般步骤

①程序材料（课件）设计。教师和程序设计人员根据需要，把内容与学习过程加以结合，设计有关程序化的教学材料（课件）的方案。

②程序材料（课件）编制。程序编制人员根据设计方案，编制程序化材料。

③人机对话交互学习。然后，学生操作设备（计算机），与之对话，在程序教学材料的引导下进行学习。

④总结评价。最后，教师对程序学习的结果进行总结和评估。

（2）程序教学法的适用范围和条件

程序教学特别适用于下列情况：帮助优等生学习一些教师因教学时间的限制而未能讲授的扩充性的学习内容，对学生进行补习性辅导；为学生提供预备性知识；要求标准化行为的教学；开设学校由于缺乏优秀教师而难以开出的课程；开展个别化训练。

（3）运用程序教学方法必须注意的要求

①选用或编制结构合理、配置适当的高质量的课件。一个好的课件应具有人工智能的特性，即在人机对话过程中，能从学生的应答反映了解其掌握知识的情况，从而做出有针对性的教学决策，以提高运用程序教学法进行学习的效果。

②教会学生使用教学机器。在运用程序教材进行学习前，学生必须懂得计算机操作要领。因此，必须对学生进行事先培训。

③明确学习目的，与文字教材配合使用。应用过程中应有明确的学习目的，注意与传统文字教材结合起来，用程序教材学习要求学生有较高的自主精神和负责态度。

④注意与常规教学方法结合起来。程序教学法虽有优点，但也存在着削弱师生之间、学生之间即时信息交往等方面的不足。因此，运用程序教学法时，必须与常规教学有机地结合起来，使之相互补充、相互促进。例如，学生在使用程序教材学习之前，可在教师的引导下掌握所学内容的知识背景、基本概念、术语，理解学习目的和思路，然后学生通过上机练习，消化所学知识或形成技能等。

3.问题教学法

问题教学法就是为启发学生的思维和培养其解决问题的能力，教师与学生围绕某个实际问题而使用的教学方法。它是一种以学生为中心的教学方法。问题教学法的核心是培养学生的思维能力。信息技术在这种教学方法中起着关键的支撑性作用，它被用来呈现问题情景，作为分析、解决问题的工具。

问题教学法的特点是教学过程中更加注重师生之间的关系处理，凸显教师是辅助者、引导者的作用，通常以问题情境来组织教学，以此引起学生思考，促使学生运用知识，分析问题、解决问题，增强学生自主学习能力，同时借助信息技术工具，建立沟通协作渠道，促进人际交往能力和团队合作能力的提高。也就是说，问题教学法以学生为中心开展教学，以问题为教学驱动力，以小组为教学组织形式，通过过程性评价促使学生能力发展。

（1）创设情境、提出问题。教师充分利用各种信息技术，如借助多媒体教学系统，通过让学生观看相关影视资料、浏览相关网站等多种方式来提出引导性问题。把学生带入问题情境之中，针对问题情境，向学生布置任务；学生接受任务，回忆早期的经验，产生学习的动机和学习的责任感。

（2）分析问题、明确问题、组织分工。在教师的组织下，学生讨论解决问题的可能方法，教师帮助学生分析问题情境，理解问题的情节和情形，进一步找到问题的本质，并对问题进行界定、阐述。教师根据学生的兴趣和能力，将学生分组，分配学习任务，提供相关资源。

（3）探究发现、解决问题。教师向学生提供有关材料、参考资料等学习资源，同时学生通过各种途径，借助并利用信息技术，查找、收集与问题相关的信息与资料；小组成员对收集到的信息进行归类、整理、分析，然后通过相互交流、形成解决问题的方案。

（4）展示结果、进行评价。各小组以幻灯片等形式陈述、展示他们在解决问题过程中的计划和任务安排，完成任务的过程，解决问题的建议、主张；最后通过自评、生生互评、教师评价相结合的方式，以过程评价为主，终结性评价为辅，对学习成果进行评价。即各小组对各自的问题解决方案自我评价，小组之间对方案相互评价，教师评价每个小组的学习成果以及在整个问题解决过程中的方案方法的优劣，并向学生提出新的类似的问题，学生尝试解决新的问题等。

问题教学法的适用范围和条件：问题教学法的应用需要信息技术的支持，教师能通过信息技术工具创设问题情境，学生能够利用信息技术工具获取丰富的信息资源，师生之间能够利用信息技术搭建沟通交流平台，这样才能保证其有效开展。问题教学法适用于教授各学科领域的概念、规律、理论等教学内容，适用于实践性强的教学内容。

4.探究—发现法

探究—发现法就是在教师的安排和指导下，主要由学生借助现代教育媒体进行探索、发现问题，从而掌握知识的方法。教师借助现代教育媒体设置问题情境，提出促使学生思考的问题；学生利用现代教育媒体去搜集、查询有关信息；寻找问题答案。这是一种以培养学生创新和实践能力为目的的教学方法。该方法的主旨在于在教学中不给学生提供现成的答案或结论，而是由教师提出问题或设置特定情境的刺激，促使学生自我探索和发现问题，以类似科学研究的方法去获取知识和应用知识，从而掌握要学的知识，调动学生学习的积极性和主动性，培养学生发现问题、解决问题的能力。探究—发现法的特点是：探究—发现法是一个发现问题、提出问题和解决问题的学习活动过程。该方法学习者通过亲身活动提出问题、发现答案、解决问题，在探究活动中生成知识，获得的知识印象深刻、不容易忘记；可以发展学习者的分析、综合和评价等高级思维能力，培养发散性和创造性思维；学习者能亲身发展科学知识，帮助他们更好地理解科学的本质。在此方法的应用中，体现出来的是做中学的思想，让学生自己主动学习，亲身实践，探究知识，教师只是提供指导。

（1）教学准备。让学生了解探究—发现的基本技能，提出探索与发现的基本要求，让学生掌握进行探究与发现的工具，提供必要的信息检索指南、专业网站的地址等，使学生知道如何有效地进行探究与发现学习。

（2）设置情境、熟悉任务。教师进一步向学生提供有关需要探究或发现的问题情境，引导学生关注有关的主题，并向学生提供必需的学习材料，以便让学生熟悉任务，进入问题情境之中。

（3）发现问题。学生在教师的要求和引导下，结合过去的知识和经验自行发现问题，确定探究的方向。

（4）搜集资料、解决问题。学生通过各种途径、形式自行搜集资料，如参考和实地考察、调查和采访、进行实验、查阅文献、观看影视录像、个案追踪分析等。搜集资料不是目的，而是了解事物的手段。因此，接下来学生应用现代教育媒体，如计算机网络等工具，自行搜集、加工整理资料，对搜集到的数据资源进行筛选、归类、统计、分析、比较，然后在教师的指导下，得出结论或答案，解决问题。

（5）反馈评价。对学生得出的结论或答案，教师要进行点评和总结。

探究－发现法的适用范围和条件：探究－发现法的应用需要教师较强的应变能力和运用现代教育媒体的能力，同时需要学生具备自主学习能力和信息技术应用能力，尤其是计算机和网络通信技术。有了这些条件保障，才能够激发学生的学习动机，引导学生，利用信息技术工具和手段，在自主学习环境中进行探究。探究－发现法适宜教授和学习概括性、规律性的知识，适用于对未知领域的问题探究，或对已有知识进行个性化的再认识。

5.微型教学法

微型教学法由美国斯坦福大学在1963年首创。微型教学法是指教师借助电视摄、录设备培养学生某种技能的教学方法。由于该方法是在小教室中对学生的某种技能进行培训，培训时间短、规模小，故称之为微格教学或微型教学。

微型教学法的应用有以下几个特点：

（1）人数少、易操作、微型化。由少数学习者5～10人组成"微型课堂"，以真实的学生或受训者的同学充当"模拟教师"和"模拟学生"，通过不断轮换学生，以保证每个学生都有充分的机会得到培训和个别指导，这样既容易操作，也可使课堂微型化。

（2）训练时间短，技能单一，目的明确，重点突出。在教学培训中把内容进行分解，将综合性的教学技能分解为一个个单一的技能。如提示的技能、演示的技能、板书的技能等。每次针对一种技能进行培训，培训目的明确，重点突出。被训练者利用5～10分钟的时间进行一段"微型课程"的教学实践，从中训练某一两项教学技能。

（3）借助媒体设备，展示范例，实时记录。在进行"微型课程"的教学实践过程中，利用电视摄、录像设备系统展示某项技能的范例，供学生学习和模仿；也可在学生模仿训练时将实践过程记录下来。

（4）反馈及时准确，评价方式多样。完成训练后，通过视听系统重放已记录的内容，供师生点评分析，让学生及时得到反馈信息。评价方式可以是自我评价，也可以是他人评价。

6.模拟训练法

模拟训练法就是利用现代教学媒体模拟自然现象、运动状态和过程或者是特定的工作环境而进行实验和训练，以揭示其规律的一种教学方法。模拟训练法的特点是：

（1）突破教学条件限制，方便训练教学。由于受各种特定条件的限制，教学中不能用真实环境或事物进行实验或训练，需要用计算机等媒体模拟这些环境或事物，以便于师生经济、安全、省时地进行训练教学。

（2）设备与媒体的广泛应用，丰富了模拟工作环境。模拟训练法最初是用机械装置模拟一种工作环境，如模拟汽车驾驶室，来培训驾驶技能。计算机被用于模拟训练后，与机械装置结合起来，大大地丰富了模拟的工作环境。

（3）应用信息技术手段，拓展训练类型。由于信息技术手段的应用，训练的类型也从单一变成多样化。模拟训练法大致有以下四种类型，分别是操作性训练、工作情景训练、实验情景训练、研究方法的训练。

操作性训练：这种模拟训练就是将计算机、机械装置与特定工作环境结合起来，对学习者进行培训，形成特定的技能，如模拟飞行驾驶舱。

工作情景训练：这种模拟训练就是给学生提供模拟的、仿真的工作情景，让学生在这种情况下完成对特定工作行为的训练，如用计算机模拟海关的报关过程。

实验情景训练：这种模拟训练就是模拟一种实验环境，让学生在模拟的环境中进行实验活动，以培训相关的技能和方法，如用计算机模拟电子线路的实验、模拟火力发电厂的中心控制室等。

研究方法的训练：这种模拟训练是给学生提供一种研究模型，让学生根据该模型构建的要素关系，输入或改变数据参数，研究其他要素或结果的变化，培养学生的研究方法和技能。

模拟训练法的适用范围和条件是：运用该方法要提供可供仿效的适合学生发展的教学信息；要使学生进行仿效训练或亲自操作；要面向全体学生；教师应做好引导，及时分析、评价，明辨正误，分析原因，找出最佳思路和方法；要正确处理模拟教学法与常规的实验法、演示法、参观考察法的关系，在条件允许的情况下，要使它们有机结合起来，以利取长补短；要引导学生抓住事物的本质。

三、信息化教学的其他方法

（一）任务驱动教学法

1.任务驱动教学法简介

任务驱动教学法是基于建构主义学习理论的一种教学方法。它就是在学习过程中，学生在教师的帮助下，紧紧围绕一个共同的任务活动中心，在强烈的问题动机的驱动下，通过对学习资源的积极主动应用，进行自主探索和互动协作的学习，并在完成既定任务的同时，引导学生产生一种学习实践活动。

"任务驱动教学法"将以往以传授知识为主的传统教学理念，转变为以解决问题、完成任务为主的多维互动式的教学理念，将再现式教学转变为探究式学习，使学生处于积极的学习状态，每一位学生都能根据自己对当前问题的理解，运用共有的知识和自己特有的经验提出方案、解决问题。[①]"任务驱动教学法"的主要特点有以下几个方面：

（1）真实任务的驱动。"任务驱动教学法"强调学生要在真实情境中的任务驱动下，在探索任务和完成任务的过程中，在自主学习和协作的环境下，在讨论和对话的氛围中，使学生带着真实的任务在探索中学习，从而培养学生的探索创新精神。

（2）凸显学生主体地位，明确教师主导地位。"任务驱动教学法"改变了以往的"教师讲，学生听"，强调学生在完成任务的过程中的主体地位，也明确了教师的角色，教师是学习情境的创设者、学习任务的设计者、学习资源的提供者、学习活动的组织者和学习方法的指导者。

（3）注重学生能力培养。"任务驱动教学法"的应用中，要求学生主动参与到学习中来、自主学习，要与他人互动协作，共同分析问题，完成任务。在整个任务的完成中，既可以激发学生的学习兴趣，又可以培养学生的分析问题、解决问题的能力，提高学生自主学习及与他人协作的能力。

2.任务驱动教学法的教学应用步骤

（1）创设情境、引起注意、提出框架。创设与当前学习主题相关的、尽可能真实的学习情境，引导学习者带着真实的"任务"进入学习情境，使学生的学习能在与现实情况基本一致或相类似的情境中发生。这样可以激发学生的学习兴趣，有效地激发学生联想，从而利用学生已有的知识与经验掌握所学的新知识，发展

---

①邓宗勇.现代教育技术：走向信息化教育［M］.北京：北京教育出版社，2019：46—47.

新能力。

（2）共同讨论、分析任务、明确任务。教师要引导学生回忆学过的完成任务所应用的知识，导引任务，尽可能选择与当前学习主题密切相关的真实性事件或问题（任务）作为学习的中心内容，让学生面临一个需要解决的现实问题。[①]这样才可以使学生更主动，也能使学生激活原有知识和经验，来理解、分析并解决当前问题，问题的解决为新旧知识建立了必然的联系，进而达到知识的建构。

（3）自主探索、积极合作、解决任务。学生在明确了要完成的任务之后，教师向学生提供解决该问题的有关线索，如需要搜集哪一类资料，从何处获取有关的信息资料等，学生自主探索任务或以小组合作完成任务，在这个过程中提倡学生之间的讨论和交流，通过不同观点的交锋，补充、修正和加深每个学生对当前问题的解决方案，进而达到发展学生自主学习能力和解决问题的能力的教学目标。

（4）作品展示、经验交流、总结提升。学生在完成任务后，必须要让学生展示自己的作品，让学生体验到完成任务后的自我价值的实现，与内心成功的喜悦。同时要做好作品的评价，评价时，可以先让同学们发表一下对作品的看法，然后由教师进行总结，指出学生存在的关键性问题，并给予适当的指导，对学生的作品要进行总结和提升，进而达到培养学生积极探索问题的能力和创新的精神。

3.任务驱动教学法应用中的注意事项

（1）精心设计任务。任务的设计是关键，是在课堂教学中成功运用任务驱动教学法的前提和保障。在设计任务时就要考虑到任务必须能够激发学生的学习兴趣与学习欲望；任务的设计要考虑到全体学生，难度要适中；任务必须要贴近学生的生活，体现出真实性与合理性；任务的设计必须要有利于培养学生的情感态度与价值观；任务必须有利于小组合作学习。总的来说，任务设计就是要达到目标化、真实性、趣味性、开放性、完整性、整合性、操作性、可行性的几项要求。

（2）学生分组合理。在实施任务驱动教学法的时候，将学生合理地分组，采用合作学习的形式，让学生通过小组合作来完成任务。通常根据孩子的知识水平、动手能力与性格特点进行分组。完成作品，最好汇报任务完成情况等。

（3）正确处理师生之间的角色关系。任务驱动教学法是学生自己在完成任务这个目标的驱动下，自己去探索学习，在教学中教师起主导作用，学生是教学的主体。因此，教师在学生完成任务的过程中，不要对学生过多地干预，更多的应该是一些引导和帮助，对于个别完成任务有困难的学生，可以让小组中的其他学

---

①耿斌著.信息化背景下计算机网络与教育创新研究［M］.西安：西北工业大学出版社，2020：22—23.

生给予帮助。

（4）组织和管理好课堂上学生的活动过程。组织和管理好课堂上学生的活动，这是任务驱动教学法应用中的难点。教师在具体的操作过程中应该关注：学生是否明白了要完成什么任务？学生对任务是否感兴趣？学生是否清楚该怎样完成任务？有没有学生无事可做，不认真完成任务？学生在进行小组合作时，是不是小组的所有成员都能参与到任务活动之中？

（二）情境教学法

1.情境教学法简介

情境教学法是指在教学过程中，教师有目的地引入或创设具有一定情绪色彩的、以形象为主体的生动具体的场景，以引起学生一定的态度体验，从而帮助学生理解教材，并使学生的心理机能得到发展的教学方法。情境教学法的核心在于激发学生的情感。情境教学是在对社会和生活进一步提炼和加工后才影响于学生的。诸如榜样作用、生动形象的语言描绘、课内游戏、角色扮演、诗歌朗诵、绘画、体操、音乐欣赏、旅游观光等，都是寓教学内容于具体形象的情境之中，其中也就必然存在着潜移默化的暗示作用。"情境教学法"的特点如下：

（1）强调效果持久稳定。情境教学将丰富多彩的具体活动化为不断的激励，教育空间得以拓宽，令学习效用发挥得更深更广，达到较持久稳定的教育效果。

（2）注重学生真实参与体验。情境教育能通过"亲、助、乐"的师生人际情境和"美、趣、智"的学习情境来缩短学生与教师、与同学、与教学内容的心理距离，促使学习者能以最佳的情绪状态主动参与，形成一种教学相长的作用。并且"情境教学法"的实施过程中，充分地体现了从生动的直观到抽象思维的认识过程，让学生体验，让学生感知，通过感知上升到理性认识。

（3）以培养学生能力为目的。培养学生问题解决及推理思考的能力，确实是当今教育的当务之急。情境教学法创设一种探究的教学情境，发展学生对知识的追求和探究的精神，通过情境将知识应用在实际生活中，培养了学生独立思考的能力，同时也提高了学生的学习能力，也使其获得了分析问题、解决问题的能力。

2.情境教学法中的情境创设途径

情境教学法在教学过程中为了达到既定的教学目的，创设、引入或再现教学所要求的富于形象性和情感色彩的具体场景、氛围，即情境，这样能够加深对教学内容的认知和情感体验。也就是说对于"情境教学法"实施成功与否的关键是创设好情境。如何创设情境？具体来说，创设情境的途径主要有以下几种：

（1）生活展现情境。即把学生带入社会，带入大自然，从生活中选取某一典型场景，作为学生观察的客体，并以教师语言的描绘，鲜明地展现在学生眼前。

这一情境教学法的运用，使得学生在轻松愉快的气氛中学习了知识，激发了学生的学习兴趣，发展了学生的想象力和审美能力。

（2）实物演示情境。即以实物为中心，构设必要背景，构成一个整体，以演示某一特定情境。

（3）音乐渲染情境。音乐的语言是微妙的，也是强烈的，给人以丰富的美感，往往使人心驰神往。它以特有的旋律、节奏，塑造出音乐形象，把听者带到特有的意境中。用音乐渲染情境，并不局限于播放现成的乐曲、歌曲，教师自己的弹奏、轻唱以及学生表演唱、哼唱都是行之有效的办法。关键是选取的乐曲与教材在基调上、意境上以及情境的发展上要对应、协调。

（4）语言描述情境。情境教学十分讲究直观手段与语言描绘的结合。在情境出现时，教师若伴以语言描绘，会对学生的认知活动起到一定的导向性作用。语言描绘提高了感知的效应，情境会更加鲜明，并且带着感情色彩作用于学生的感官。学生因感官的兴奋，主观感受得到强化，从而激起情感，促进自己进入特定的情境之中。

3.情境教学法的功能

概括起来，情境教学法有以下几个主要功能：

（1）平台功能。即为学生自主学习搭建一个有效的情境学习平台，让学生自主学习，强化学生的主体地位。传统教学把教学封闭在一个由教师唱主角的课堂教学环境中，教学的主要着眼点是如何把知识传授给学生，而不是让学生在各种教学情境中自己去探究获取知识，并获得情感体验和能力提升，学生总是处在被动位置上。而情境教学法是让学生自己在所给定的教学情境中去挖掘知识，把学习的主动权交给了学生，教师是一个教学情境的搭建者、学习过程的组织者、学生学习的辅导者。对于整个教学过程来说，主要由学生自主探讨，而教师只是为学生搭建好情境学习平台而已。

（2）体验功能。即让学生充分体验教学情境，获取丰富的感性认识，进而有效地获取知识、能力和情感。传统教学忽视了学生的体验过程，违背由感性认识到理性认识的认识规律，机械地灌输理论知识，缺少体验，学生在能力和情感方面就更加贫乏。"情境教学法"的另一大功能就在于体验。它就是要让学生在这个平台上充分体验教学情境，学生真实感知，引起想象，进而上升到理性的高度，实现由"生动的直观到抽象思维"的飞跃，这样所获取的知识就比较牢固和扎实，同时也能获得能力提高和情感升华。为了能使学生有效体验情境，尽量采用活动体验和角色体验等方式，让学生参与到情境教学中去，与情境融为一体，达到情景交融的体验效果，这样更能发挥"情境教学法"的体验功能。

（3）探索功能。即放手让学生去探索隐含在情境材料中的知识，培养学生分析和解决问题的能力以及研究和创新能力。情境教学法为学生提供了一个探索空间，学生可以自主学习，自由探索。情境教学法的探索功能主要表现在三个方面：一是对于教材中比较难以理解的知识，可通过情境材料让学生自己去理解和感悟教材观点，教师的作用主要是帮助学生掌握分析情境材料的方法，就情境材料设计难易适度的问题，引导学生逐步消化难点，切忌包办代替。二是对于教材中比较容易理解且和社会现实联系比较紧密的知识，就要鼓励学生自设情境材料，进行自我理解，自我解读，尊重学生的个人感受，让学生大胆而又自由地发表见解，使学生的学习过程成为一个富有个性化的自主化探索过程。三是要在完成教材教学任务的基础上，尽量拓展学习空间，通过活动课让学生到社会大课堂去探索，更好地培养学生的创新能力。教师要组织好课堂活动，形成学生自我组织和相互启发，互相促进的多向交流关系，通过创造活动，使学生勇于探索，拓宽思路，开创发散和求异思维，去获得新成果。

4.情境教学法的过程

（1）精心选择、设置情境。指教师精心设置生动活泼的动态情境（根据教学需要和教学条件，制作多媒体课件，采用挂图、投影、录音、录像、电视、音乐等手段），从而营造出学生学习的一种良好氛围。选取情境时应遵循实效性、精练性、整体性的原则。选择学生们所喜闻乐见的事例作为情境；选择有特色的典型实例作为情境；选择事例的多个角度有梯度地设置情境，遵循认识发展的规律，以便于暗示学生，激励学生积极思考。

（2）引导学生、自主探究。指教师利用情境暗示的有关问题，引导学生自学有关教学内容，自行探究问题，发现问题并解决问题。这一环节的教学可分为三步：第一步，学生粗略熟悉即将要学习的内容，找出情境与教材内容的结合点，并试图发现新问题，确立自学的思路；第二步，学生研读学习内容并回答相关问题；第三步，教师提示并且提出相关问题，让学生自行比较，自行作答，初步检查和巩固学习效果。这一环节，要充分发挥学生学习的主动性，教师注重信息反馈，做好个别指导。

（3）组织讨论、收集信息。指在学生自学的基础上，教师提出相关的一些议题，让学生或集体，或分组，或自动分组展开讨论，发表意见，教师收集信息。讨论方式可以多种多样，可采用集中讨论的方法，也可采用分组讨论。集中讨论适合于议题较少且时间比较充裕时，可以让学生相互交流，教师反馈信息、适度点拨。分组讨论是教师提炼相关联的议题，分别交给学习小组，各小组各自讨论，分析研究各自问题。

（4）教师讲评。在学生充分议论之后，教师选用几个典型观点，纠正学生认识上的偏差与错误，分析解答问题的思路，公布有关问题的答案，并且引导学生思路，对学生的观点和解答方案做出中肯的点评。

（5）教学升华。这是教师讲评的继续，教学内容的延伸，学生素质养成的过程。教师在学生把握相应的基本知识及其初步运用的基础上，联系具体问题，引导学生正确分析与认识，培养学生能力。

5.情境教学法应用中的注意事项

为了更好地使"情境教学法"能够有效地被应用，在具体的教学应用中，应该把握以下几个方面：

（1）课前要认真备课，精选情境。备课是上好课的基础，运用好情境教学法，教师在设计教学方案和创设课堂问题情境时必须熟练地掌握、驾驭教材，掌握教材的内部结构，了解新旧知识的内在联系。同时，还要充分了解学生，引导和督促学生做好参与活动的准备工作。

（2）课堂实施中要注重师生情感交流。教学本是一种特定情境中的人际交往，情境教学更强调这一点。只有师生间相互信任和相互尊重，教师对学生真正做到"晓之以理，动之以情"，这样才可以融洽师生关系，活跃课堂气氛，使学生的积极性被充分调动，从而达到课堂教学的最佳效果。

（3）把握学生主体地位，发挥学生自主性。学生在教学中的主体地位决定了自主性侧重于教师鼓励学生"独立思考"和"自我评价"，培养学生的主动精神和创新精神。这一原则要求教师在情境教学中要从学生的实际出发，使学生在完成学业的同时得到如何做人的体验。它意味着一切教学活动都必须建立在学生积极、主动的基础上。

（4）要多加营造愉悦轻松的体验环境。教师应该在轻松愉快的情境或气氛中引导学生产生各种问题意识，展开自己的思维和想象，寻求答案，分辨正误，这样做的目的在于使学生把思考和发现体验为一种快乐，而不是一种强迫或负担。

（5）掌握好启发原则。情境教学法可以模拟一些场景，离开了启发原则，就没有了它的深远意义，也就无法达到调动学生思维，培养学生思维的目的，而变成哗众取宠的装饰。在情境的创设中一定要启发学生看到隐藏在情境后面的实质内容，否则就喧宾夺主了。

（三）案例教学法

1.案例教学法简介

案例教学法的主要特征是以教学案例为载体，以学生的积极参与为前提。在案例教学中，学生是教学关注的焦点；学生与教师一同来选择和确定讨论的主题和形式；教师在教学中的角色是促进者、组织者和资源提供者；教学过程是以学生对案例的分析与讨论为主；教师与学生双方积极参与，共同对学习负责；知识传递是多向的，在教师与学生、学生与学生之间自由互动，传授知识是为了提高学生的自主学习能力；教学的目的是培养学生的批评性、分析性思维能力，培养学生总结、讨论和说服的能力以及自信心。具体来说，在其应用的过程中"案例教学法"所表现出来的主要特点有以下几点：

（1）调动学生主动性，鼓励学生独立思考与探索。传统的教学只告诉学生怎么去做，而且其内容在实践中可能不适用，且非常乏味无趣，在一定程度上损害了学生的积极性和学习效果。而案例教学要求每一个学生积极参与到案例的学习过程，教学中教师不会告诉学生应该怎么做，而是要学生自己去思考、去创造，使得枯燥乏味的内容变得生动活泼，而且案例教学中每位学生都要就自己和他人的方案发表见解，通过这种经验的交流，可取长补短，促进人际交流能力的提高，也达到一种激励的效果。

（2）注重学生的启发与多向交流。传统的教学方法是教师满堂灌，学生被动学习，整个的学习效果需要通过考试等评价手段获知，学到的知识不能有效应用到实践当中。而案例教学法目的在于启发学生独立自主地去思考、探索，注重培养学生的独立思考能力，启发学生建立一套分析、解决问题的思维方式。在案例教学的开展中，教学过程中学生与学生之间存在多向交流，大家一起讨论思考，共同探讨，集思广益，可以对复杂的问题从多个角度、多个方面全面思考和探讨，开阔思路，效果更好。

（3）目的明确，注重学生的能力培养，致力问题解决。传统的教学方法，注重的只是学习书本上的死知识，忽视了实际问题的解决能力。而案例教学法教学目的明确，通过一个或几个独特而又具有代表性的典型事件，让学生在案例的阅读、思考、分析、讨论中，建立起一套适合自己的完整而又严密的逻辑思维方法和思考问题的方式，实施过程中侧重于引导学生的创造能力以及实际解决问题能力的发展。

"案例教学法"的优势在于：案例教学法能帮助学生获得概念性和原理性知识，有助于学生内化所学知识，帮助学生对复杂的、不同领域的知识进行建构；通过提供的第一手资料和真实的教学情境，有效缩短了教学与实际生活情境之间的差距；有助于提高学生表达、交流和讨论的能力，增强面对困难的自信心；可以帮助学生深度理解教学中的疑难问题，深入分析和反思教学过程，形成反思的行为习惯；学生面对案例所呈现的问题情境，在获得相关知识、掌握处理问题的方法、技能和技巧的过程中，使其创造能力和解决实际问题的能力得以培养。

2.案例教学法的应用过程

"案例教学法"具体的教学应用过程大致由以下五个环节组成：

（1）精选案例。案例教学法的效果如何，取决于教师能否选择恰当的案例。

精选出的案例应当是典型的、有代表性的，最能揭示所学理论的案例。这就势必要求教师必须吃透教材，弄懂教材的每个概念原理、知识之间的内在联系。要选择与教学内容和教学目的密切相关的正面与反面的典型案例，寓所教理论于案例之中。

（2）展示案例。教师把精选的案例以恰当的方式适时展示给学生，吸引学生的注意力，激发学生探究案例的热情，让学生带着案例问题（或情境）去探讨课本理论知识，为学生学习课本理论知识打开思索的大门。

（3）共同讨论、自主协作、分析案例、提炼理论。这是实施案例教学法最重要的一步。教师要创造良好的自由讨论的气氛及环境，精心设计问题、提出问题，启发学生积极参考、主动进取，引导学生自主学习、参与合作，逐步分析，同时在案例讨论中要进行必要的引导，发挥教师的引导作用，对学生的各种回答做恰当评价，使案例讨论紧紧围绕中心问题展开，这样通过师生共同对案例的分析，总结归纳出带有普遍规律性的理论，使学生切实体会到理论是如何来自实践。

（4）应用理论、审视案例、回归实践、巩固所学。学生通过案例分析得出理论，反过来要站在理论的高度，重新审视案例，分析案例正确应用理论的成功所在；或没有正确应用理论的失败之处；也可分析在改变案例客观环境的假设条件下，可能出现的另外结果。由此使理论回到实践，使理论指导实践，这样还可以进一步加深学生对理论的理解，巩固所学的理论知识，在此教师还可以改变角度，就当前的案例，从多方面向学生提出新的问题。通过学生的分析，使他们进一步明确理论的效力；教师也可展示新的案例，让学生运用提炼的理论去分析，进一步调动其思维活动，增强其进行理论应用的机会。

（5）总结归纳、形成体系、适时点拨、延伸应用。总结点评是案例教学法的归宿。教师要及时总结评价学生讨论案例的优缺点，分析案例问题的疑难点，有针对性地对案例进行深入的分析。对学生讨论中暴露出来的问题有针对性地点拨，教师要教会学生从不同角度、用不同方法来探究解决案例问题，和学生一起总结出最佳的解决问题的方案，教会学生有效地运用所学的知识来解决案例或实际问题。教师在总结点评中，要通过归纳总结形成一个具有内在逻辑联系的知识体系，从而才能有效指导学生对理论知识的实际运用，这样才能让学生运用所学的知识系统地解决实际问题，把学到的理论知识延伸、应用，内化为自己的具体行动。

3.案例教学法应用中的注意事项

在"案例教学法"的具体应用过程中，应该把握和注意以下几个方面：

（1）应提高教师综合素养和信息化教学能力。运用这种教学方法要求教师有丰富的知识；具备倾听、回应和沟通的能力，较强的应变能力和运用现代教育媒体的能力；熟悉教材的内容，能够将教学置于案例中，给学习者提供必要指导与反馈；能够为学生创建协作性学习环境。

（2）应精选案例，教学应用适度。案例是否适合现实教学的需要应仔细选择，因为一个好的教学案例编制需要时间，需要教师有一定的技能和经验。案例选择要适当，尤其是开始组织案例教学要适度应用案例，不要运用过于频繁。教师运用案例教学法时可以提供正反和由简单到复杂的案例，从而使学生更易理解。

（3）教学过程要体现启发性、参与性和互动性。教师在讲课过程中要适时地提出与教学内容密切相关的案例供学生思考，启发学生。只有让学生置身于具体的实践活动中，才可以增强学生的参与意识，发挥学生的主动性和积极性。在案例教学的实施阶段，开展讨论时应考虑师生、学生之间的互相交流，体现学生的主体地位，畅所欲言，充分地阐述自己观点。

（4）教学开展，重视讨论与协作。讨论是案例教学的重要环节。案例教学法让学生向书本和教师学习，让学生之间相互学习，在平等的讨论中分享不同的观点和价值，案例讨论是变化的，每个学生都有自己的理解，教师会带领学生对若干可能的解决方案进行评价，既讨论方案的优点，也讨论方案的缺陷，无论实际发生了什么，真正有效的是通过案例学习，使学生知道在一个特定情况下如何分析和处理不同的决策选择。①

---

①郭亦鹏.高校教学管理信息化建设［M］.长春：吉林大学出版社，2016：64—65.

第五章 教育教学管理制度创新

第一节 教育教学管理制度

一、高校教学管理制度

制度是一种规则，包括组织构成、权力配置和一系列的规则。其中，在高校管理制度的研究中，对内部组织结构已有大量的论述，并已形成成熟的认识：即遵循现代管理的理念，实现扁平化管理结构的设置，对校—院—系的多级管理结构予以认可；同时，增加专项组织，如设置各类委员会，以实现民主化管理。但是，对高校管理制度中内部权力配置的探讨虽然也有一些，认识却并不是很统一，观点也不是很成熟。①传统的观点是在高校内部存在着学术权力和行政权力两个大类的权力结构，但实际上，随着办学体制的改革、经费筹措制度的改革，学生在高校中的地位也在发生着微妙的变化，他们对于自由学习的权利的要求也在日益膨胀，这种对自由的要求现在看来不仅是正当的，而且是必需的。

（一）高校与高校教学管理

早在19世纪中叶，纽曼就在《大学的理想》中明确指出，"大学是一种传授普遍知识的场所"，此处所说大学即是高等院校的意思。现代意义上的高校，从其职能的拓展来看，已不仅仅是传授知识的场所，它还是进行科学研究、服务社会的重要机构，亦即高校应该是传播高级文化、探究高深学问、培养高层次人才、为社会提供高科技服务的组织。

---

① 唐华丽著.高校教育教学管理研究［M］.长春：吉林文史出版社，2022：22—23.

"高校"是指当前我国进行高等学历教育的、有正式的组织和规范的计划的全日制高等院校，包括大学、学院、高职高专院校，对其他如成人教育、培训中心、企事业单位中的教育机构等举办的非学历教育、非全日制高等教育不做专门研究。

高校的教学过程是一个复杂的、系统的过程，具有专业性、探索性、实践性的特点，高校的教学、课程计划都是围绕培养专门人才而设计的，并负责培养大学生探求新知识的创新能力、毕业后应用专业的实践能力。对教学活动开展的管理活动当然也是一项复杂的系统工程。高校的教学管理是高校管理工作的重要组成部分，是为了实现高校的教育教学目标，遵循管理规律和教学规律，对教学活动进行计划、组织、指挥、协调和控制的过程，以高效地设计和保持良好的教学环境，推动教学工作正常地、高效率地运转，使教师和学生在教学过程中达到既定的教育教学目标。高校的教学管理具体包括教学计划管理、教材建设与教学手段的现代化管理、课程建设与管理、实践教学与管理、教学组织管理、教学资源管理、教学质量管理等方面。另外，学生既是教育教学的对象，也是教学活动的主体、学习的主体，因此不能离开学生来谈教学，教学管理与学生管理之间有着广泛而紧密的联系，学生管理中有许多属于教学管理的内容，如学生的学籍管理、学业成绩的管理、学生成长档案的管理等，对教学管理的研究也应包括这部分的内容。

（二）高校教学管理制度的结构与功能

制度很多，类别也很复杂，在实际运行中其发挥的作用与功能也是不同的，需要具体问题具体分析，做到普遍性与特殊性的辩证统一。

1.高校教学管理制度的结构

根据制度的应用范围和功能，按照制度分析的结构化分析要求，可以把高校教学管理制度分为教学管理基本制度和教学管理具体制度，教学管理基本制度包括教学管理系统内的组织制度和工作制度，教学管理具体制度包括具体的教学行为规范、对各教学专项工作的相关规定以及各种激励制度。

（1）教学管理基本制度

涉及机构设置及其权限的组织制度，在制度分析的结构化中属于中性制度。这一类的制度是指为了达到教学管理目标，顺利完成各项教学工作任务，所做出的教学系统内有关管理层级、机构、人事及相应职责权限的安排，为教学工作提供组织上的保障。我国的高校大多形成了成熟的校、院、系三级管理层级，这是各高校依据自身学科性特点，考虑到学科、教学与组织多重运行的实际情况而设置的，各个管理层级并不是纯粹的行政管理机构，而是在纵向方面实施计划、组织、领导、协调、评价的管理职能，在横向方面又能够对教师、学生、设备、财务、质量管理等实施分工协作，是一种融专业建设、教学发展、组织效能等不同领域于一体的矩阵结构。涉及工作岗位和综合性管理的教学系统内的具体工作制度，在制度分析的结构化中属于制度安排范畴。这一类的工作制度以分工为前提，以岗位职能为基础，主要表现为岗位职责，为履行工作的主体提供清晰的分工、职能和权限描述，确保各项岗位工作能正常运行。该类制度还对平行机构之间的关系、上下级关系、机构内部关系给予设定。平行机构之间的关系是指教学管理部门与其他部门之间的关系，如教务处与学生处之间、教务处与后勤处之间、教务处与办公室之间的关系，工作制度对这些关系予以明确规定和协调，以减少工作过程中的冲突，避免相互推诿和管理真空；上下级关系指教务处与各院系部、系部与教研室等之间的关系，工作制度中即通过明确各自的权利与义务和各自的工作流程，以避免越位与错位，提高工作效率；机构内部关系指各科室之间、各教研室之间、各系之间的关系，工作制度在分工相对明确的基础上，对以上各项关系予以协调和配合，使机构内部之间既合理分工又通力合作，互相促进互相提高。

（2）教学管理具体制度

教学行为规范类管理制度，此类制度对各教学过程和环节给出较清晰的目标、职责、范围和工作流程，为教师、学生和教学管理人员提供简明扼要的指导和帮助，有利于维持正常教学秩序，有利于提高教学工作效率。此类制度在教学管理制度中占据很大比例，包括日常教学管理制度，如课程表管理制度、教学文件编写要求、专业设置和调整审批条例、教学过程管理方面的诸多规定等，还包括学籍管理制度、专业技术职务的推荐与评审制度、考试管理制度、教学档案管理制度等。

各教学专项工作的相关规定这类制度，属于非中性制度，针对教学工作中有关建设与改革类项目，如专业建设、课程建设、实验室建设等具体的和专项的横向工作，予以方向、范围、目标等方面的规定，以引导师生积极、主动地总结教学工作的经验和教训，围绕教育教学目标开展创造性、创新型教学活动，推动教育教学工作的前进和发展，是对教学行为规范类管理制度的补充和完善。

为促进工作更有效开展的激励制度，也属于非中性制度。组织制度和工作制度是对分工与职能、权限的基本规定，教学行为规范和教学专项工作的规定也仅是基本的要求和导向，它们并不能以此推动高校中的每位成员积极、主动地开展各项教学活动，也就对教学工作成效的提高起不到完全的作用。因此还要制定一系列的激励制度，包括行为约束制度和行为激励制度。行为约束制度是对因为责任心不强引起的疏忽大意或工作中故意导致的教学行为失范给予相应的惩戒，以免造成混乱的教学秩序给教育教学工作带来伤害；行为激励制度则是结合岗位工作特点实施教学倾斜政策，对工作优秀者给予奖励，并对其他教师和教学管理人员、学生起到引导的作用。

2.高校教学管理制度的作用与功能

高校教学管理制度的最终目标是为了提高教育教学质量，但其作用方式多种多样，比如，可以以制度的方式促进资源共享以提高其利用率，可以以制度为手段改善高校学术自由的环境，从而有效保障教师和学生的教学与科研的积极性、主动性和创造性，可以加强学生学习自由度以有效保障学生学习的兴趣和自主性等。

（1）教育的功能

高校教学管理制度是高等教育思想和理念的重要载体，通过制度的宣传、推动与实施，这些教育思想和理念深深地影响着广大师生员工，与他们的利益、地位密切相关，并渗透到各项教学工作中，深刻地发挥着关键作用。教育思想和理念是高校发展战略的理论依据，它强调的是学校应该做什么样的重大决策，是学校所有工作包括教学工作的重要指南，没有了思想和理念的引领，发展战略也就失去了依据，学校也就没有了正确的发展方向。高校教学管理制度的教育功能就是让师生员工通过制度认识、把握这些教育思想和理念，并以此为指导，围绕学校的发展战略、培养目标，明确各自在教学工作中的作用和地位，在具体的教学工作中，推动学校各项事业的可持续发展。

（2）为教学工作确定实施机制

不同的发展模式需要制度落实，选择何种教学模式更是教学工作的前提。在学校依据一定的教育思想和理念指导选择了教学模式后，就必须用制度的方式来加以规定与引导。比如，为了培养创新型人才，就需要以制度的方式为其提供自由的教与学的环境、对教师传统的课堂教学模式做出使用现代化教学手段的改革要求；为了培养实践型人才，需要以制度的方式规定理论与实践相结合的教学模式、产学研一体化教学模式、校企合作培养的教学模式等。教学管理制度就是要根据学校发展的定位和办学理念，强化优势、办出特色，为每一个教学过程确定合适的实施机制。

（3）为教学工作提供动力机制

教育事业发展需要动力，在高校内部，这个动力来自师生的参与，只有师生能够分享事业发展带来的好处，并且积极、主动地加入学校事业发展的过程，才会有教学工作的有效实施，才会形成对学校事业发展的支持。在高校，无论是教师还是大学生，都具有充足的知识、信息基础和明晰的判断力，他们是实现培养目标的关键，是人才培养的责任主体。师生参与学校事业过程不应是迫于生计的被动行为，而应是积极追求个人价值的创造行为。教学管理制度在解决了个人利益与学校组织利益的协调基础上，为教学过程提供相应的激励机制，创造良好的教和学的学术环境，充分体现教学管理制度的导向功能，为师生凝心聚气于教学过程提供足够的动力。

二、教学管理制度的价值取向与创新原则

制度的创新设计能够体现出一种价值选择和价值取向，或者说制度的创新是在一定价值观指引下的引导、示范、激励、约束等功能的综合作用。对高校教学管理的制度创新，需要明确其在某种价值观，如平等、自由、民主等指导下的创新，在这种源头性的价值观指导下，制度创新需要遵循一些具体的原则，如系统性原则、开放性原则、可行性原则和一致性原则等。

（一）价值取向

价值取向（Value Orientation）是价值哲学的重要范畴，它指的是一定主体基于自己的价值观在面对或处理各种矛盾、冲突、关系时所持的基本价值立场、价值态度以及所表现出来的基本价值取向。价值取向具有实践品格，它的突出作用是决定、支配主体的价值选择，因而对主体自身、主体间关系、其他主体均有重大的影响。价值取向的合理化是进步人类的信念。教育的本质是通过文化使个体社会化的活动，高校从事的培养高级专门人才的活动既是社会的、又是文化的。一方面，高校教育活动需要满足外部需求，即满足政治论哲学，为建设国家服务、为社会服务；另一方面，高校教育系统内部的教育者、管理者和其他教育工作者又是以知识和学科为价值基础的，需要满足认识论哲学，为发展知识服务、为人的综合素质养成服务。作为高校教育的价值主体，无论是教育者还是受教育者，抑或是社会，无论是为社会服务，还是为了培养人才，他们都以知识和技术的价值为基础：教育者以这种技术和知识为基本工作材料实现自身价值，受教育者则是在教育者的帮助下通过学习这种技术和知识而使自身得以发展，社会则在社会文化的传承和发展过程中得以延续、在接受掌握了技术和知识的人才后得以发展。

制度是一种规范，是各种办事规程和行为规则的集合，高校教学管理制度为教育者和受教育者的教育教学行为提供秩序框架，是保障教育教学质量得以实现的重要措施。高校教学管理制度本身不是价值，只是价值的载体，是指示某种价值的符号，同时，教育教学的不同价值理念也必然体现在相应的教学管理制度上。高校教学管理制度的创新需要遵循基于高级技术和知识的平等、自由、民主的价值理念。

教学管理制度的价值取向包括以下几点。

1.平等

平等是人和人之间的一种关系、人对人的一种态度。高校教学管理制度的平

等原则，不是指物质上的"相等"或"平均"，而是指在精神上互相理解、互相尊重。所谓平等理念，其平等也不是指以能力本位为基础的精英主义教育平等观，而是以权利本位为出发点的平等观。这种平等的观念认为高校系统内部的教师享有同等使用学校资源的权利，在其专业领域具有不受其他权利支配的地位。大学生则享有主动学习的权利，具有根据自己的兴趣爱好选择学习内容、学习方法、学习时间、学习地点的权利，具有对教师的观点、见解提出质疑的权利，具有提出能自圆其说的见解的能力。随着知识经济时代的来临，人们越来越多地感受到知识的价值，感受到时代和社会对知识越来越高的要求，教师和学生的上述平等权利将理所当然、顺时应势地成为高校教学管理制度的基本价值观。

在高校教学管理系统，上述平等理念是与集权统治的管理权力相矛盾的。传统意义上的教学管理者拥有绝对的支配地位，这是基于他们传统意义上的"管理能力"，"以前，管理能力仅限于对个人在管理方法手段中表现出来的特殊才能和才干。而现在这种能力被赋予了更多的内容，它越来越依赖于个人在多种态度、价值观和思维方式方面的发展。这些能力使管理者更容易理解和处理组织内部和外部的多种多样的影响力"。现代意义的管理能力需要被赋予协调不同权力、保障各种权力的平衡的职能，实现平等理念的执行与贯彻。

2.自由

高等教育是面向未来、指向人生的事业，高等教育的存在与发展离不开对教师和学生个体生存的关注，它的根本价值就体现在对人之生存的高层次关怀，高校教育教学只有在关注人的生存的过程中，才能确立起自身合法存在的根本依据和价值旨归。在这个关注人的教育过程中，自由是高校的终极意义和价值追求。自由是人类在获得基本生存保障的前提下，渴求实现人生价值，提高生活质量进而提高生命质量的行为取向和行为方式。自由是一个具有时限性和相对性的概念，不同群体、不同个体对自由的看法、要求都是不同的。在高校系统内部，自由的主体包括教师和学生，自由的领域在技术和知识的传授、整合与应用，自由的内容包括教的自由、学的自由、选择的自由和放弃的自由。

3.民主

高校教学管理需要民主化，高校教学管理制度的民主原则，既是高校本质的体现和要求，又是现代管理的一个重要原则，应该体现在保护师生的自由和人权原则、多数决定并充分尊重少数的权力的原则、师生得到平等的制度保护的原则、权责统一原则等。

高校教学管理制度的出发点是教育教学，落脚点是教育教学的利益相关者，最终目的是要维护并不断地拓展学校利益相关者的利益。所谓教育教学利益相关者是指能够共享学校教育资源和利益的个人和团体，包括教师、学生、家长、社会用人单位、教育教学管理者等，他们都与学校的教育教学质量有着密切的联系。其中，在教育教学质量保障因素中，最直接或起决定作用的是教师，而教师发挥关键作用的保障是学术权力的运用。因此，教学管理制度的民主原则应该体现学术权力的内在要求与反映。坚持民主管理的原则就是坚持学术管理的原则，广大教职工应该共同参与教育教学的管理，在教育教学的改革、建设与发展的重大问题上有首要的、起决定作用的发言权和表决权。

教学管理制度的民主原则应该考虑到学生群体，让学生共同参与教育教学的管理，在教育教学的改革、建设与发展等重大问题上有发言权和表决权。以往高校所奉行的那种极端的"教授治校"的民主观，由于仅仅体现了部分人的民主而渐渐偏离了现代社会民主化进程的要求，所以要以学术利益为目标与出发点，协调教学行政管理工作与学术自由之间的关系，让高校中所有的人，包括处于高级职务的学者与处于低级职务的学者，学术人员与行政管理者，教师与学生等都参与到学校的教育教学管理之中，以表达他们的意愿，体现出平等的民主。民主管理的原则还应该表现在不同类型的管理应交由不同的管理主体负责和决定，做到权力与责任的统一，在管理主体行使管理职责时，还需要贯彻民主的原则，保证决策机构人员构成的多元化，咨询机构的广泛化和决策机制的科学化。

（二）创新原则

1.系统性原则

系统性原则要求教学管理制度保障主体的全方位、保障范围的全方位、保障活动的完整性，即要求制度保障的主体需要教师、学生、教学管理人员的共同参与，涵盖所有与教育教学质量有关的因素，包括教育资源、教育教学过程与教育教学结果，并且对全过程进行调节、控制，形成一个环环相扣的有机整体。

系统性原则要保证核心制度与配套制度的有效结合，从整体角度出发，把制度结构中起主要作用的核心制度与起辅助作用的配套制度进行合理的统筹安排。无论是核心制度，还是配套制度，都需要把对过程管理的关注转移到对关键环节的重点管理上来，如原来对学生课堂考勤、听课、自习、作业完成等事无巨细的检查和监督，就需要转变为在课程考核时对出卷、阅卷和考试等这些关键环节下功夫，把住这些关键环节，就可以以较小的管理成本约束、规范、引导学生平时的行为和态度，还有利于学生充分利用自己支配的时间和空间进行创新能力的锻炼与塑造。把住关键环节，还可以避免繁琐、避免给师生增加额外负担，便于执行，提高整体工作效率。

2.可行性原则

可行性原则要确保效率和质量的提高，强调群体或组织中行为的一致性、条理性，从而显示出秩序和效率，没有效率的质量是难以实现为师生服务的教育目标的。同时，质量又是发展过程中的一个重要取向，它构成了效率的基础和前提，没有质量的效率很难说是真正的效率。当然，高校教学管理的效率概念与经济管理、行政管理等领域中的概念应当有所不同，应该是一种符合高校教育本质特性的管理效率。

可行性原则要求制度具有可测性，对教学管理制度执行得好与不好、执行到什么程度，可以用统一的标准进行测量和评价，避免在制度执行过程中出现赏罚不明、标准不一的现象，影响教学管理系统的整体运行。

可行性原则要体现出制度的强制性，遵循"无例外原则"，给予奖惩条例以严格的规定，授予执行部门强制执行的手段和权利，使每个人在执行教学管理制度时感觉到一种"力度"，需要付出一定的努力，只有制度得到良好的贯彻执行时，组织成员，包括教师和学生、教学管理者，才能都自觉遵守教学管理制度，自觉维护教学管理制度的权威性，制度所规范的行为即可成为组织成员高度自觉的行为，此时，组织成员的行为自由也就不会感受到这种约束和限制。

可行性原则意味着制度不能太多、太细。任何制度都是有漏洞的，而且制度也不可能无限细化，制度越细化，制度管理的成本越高。即便可以进一步地细化，细化的制度也仍然需要师生们具有执行制度的自觉性，过分精细化的规则还会束缚人活动的手脚，所以应保留一定的能够自觉选择行为的余地，要体现对人的尊重，不要用太多的否定词，不用表示禁止的命令型的语气，少规定拘束人的条目，只侧重于指明一个大致的方向，把强调细则的做法改为体贴人的纪律。

3.开放性原则

开放性原则意味着制度变迁的主体要多元化，要改变以往制度创新仅由教学管理部门主导的现状，吸收教学活动利益相关者参与进来，使制度创新的主体由一元化向多元化发展。制度主体的多元化可以使制度的制定照顾到不同对象，考虑到不同的适用范围。

开放性原则意味着制度变迁的可持续性。任何制度都处在不断修改、不断完善的过程之中，制度如果保持绝对的稳定，必然会带来僵化，束缚人的发展和教学的进步；但修改过于频繁则会降低其有效性。因此，在制定制度的过程中，应该处理好发展中的问题、变化中的问题以及难以确定的问题，建立畅通的信息渠道，保证信息的多向传递和有效转换，做到留有余地，以便制度在执行的过程中得到逐步完善，得以渐进形成稳定的管理体系。

4.一致性原则

一致性原则要求教学管理制度必须与学校整体的运行机制保持一致。高校的教学管理工作与学校的运行机制、人才培养目标和教学运行体系关系紧密，因此需要与人事分配制度、职务晋升制度、学校管理体制等相关环节保持一致，确保有效实施。

一致性原则要求各项教学管理制度之间的统一、协调。任何一项教学活动、教学环节都是为了实现人才培养目标而设计的，各教学活动、教学环节之间环环相扣、紧密相连，教学管理制度也应与之相应，形成较强的系统性、整体性，应做到目标一致、各制度之间衔接一致。

第二节　教育教学管理制度创新措施

一、转变教学管理理念

（一）树立服务性管理理念

管理即服务，服务已成为管理行为的基本含义之一，高校教学管理也应表现出对教师、学生的服务意识，为其提供必要的工作、学习、研究条件，帮助他们解决困难，创造其发挥主动性、能动性的民主和谐的教育教学环境。服务性管理理念要求改变上令下行的管理方式，避免行政权力的泛滥，强调学术权力的重要地位和学生权利的应有地位，要求建立共同参与、相互协商、上下协调的沟通机制。在这种理念指导下，教学管理者不再是一名发号施令的领导，而是一名事业的推动者，是民主、和谐氛围的缔造者。服务性的管理理念还要求改变师生间控制与被控制的关系，建立民主、平等的师生关系，树立教师为学生服务的理念，教师以平等、自由、尊严、信任、友善、理解、宽容、亲情、友爱和真诚，感化、指导和鼓舞学生形成积极的人生态度和丰富的情感体验，使之在这种良好环境下愉悦地学习，促进其身心健康地成长。

（二）树立人性化管理理念

教育教学的对象是人，教育教学的实施者也是人。因此。高校教学管理应该体现对人的关怀、尊重、信任。现代管理理论认为，科学技术的进步、物质财富的创造和社会生产力的发展，都离不开人的服务、劳动，管理必须围绕"人"这个第一要素、围绕"人"这个核心的概念，通过提高人的综合素质，充分调动人的积极性、主动性和创造性，提高管理功效，实现预定目标。高校教学管理亦是如此，是通过教学管理人员与教师、学生的双向互动进行的，即管理人员顺应教学环境，尊重教师和学生的人格和权利，满足教师和学生的工作、学习需要，教师和学生则是自动自觉地把工作和学习视为人生发展的重要组成部分。教学管理制度就是要协调三者的关系，赋予教师相应的权利，保障其学术上和教学上的相对自由，并着眼于学生的综合素质、创造能力和创新思维的培养，注重指导学生的学习自由，使之能够学会学习、学会生活、学会工作。

二、完善组织体系

高校教学管理制度包括教师的教与学生的学两部分管理制度，两者应该有着密切的联系与结合。而实际上的情况是教学管理组织与学生管理组织形成两条平行线，或者仅仅是相交于一点的结合，"大多数学校当前的组织安排一般分为学术性事务、学生事务、生活事务和其他单位事务，而成为'功能的仓库'"[①]，阻碍了运用学校资源以增进学生学习进步的协作。打破这些障碍是困难的，因为学生课外的学习虽然是每一个人的事，但只有通过行政管理者、教师和学生事务工作人员共同合作，大学才能营造学习的风气，才能通过支持和鼓励学生参与各种活动来达到必要的活力和激情。传统的学生管理组织注重日常的事务管理而对人才培养的目标有所忽略，把自身职责局限于为教学工作提供服务，成为校园中处理学生琐碎生活事务的边缘性角色。"传统大学的教育是以校园为基础，以教学内容为中心，强调熟练地掌握知识和技术，重在训练适应工作和市场需要的专门人才，学生管理的功能在于以辅助促进学术任务的服务实践为主；但在现代大众化和多元化的大学里，它应该是以学生为中心的教育，大学应该营造良好的学习环境，帮助学生开发潜能，培养有教养的、学会如何生活的公民，因此学生管理必须回归到大学教育的核心，就是促进学生学习。"学生事务管理组织理应打破传统思维的束缚，"促使学生事务专业人员对传统学生、学术事务单位壁垒分明及学生事务行政中心等现实问题展开反思"[②]，积极倡导学生事务与学术事务单位的合作，结合课内与课外一起努力来提高学生在学校的学习功效。"应当激励学生积极学习，帮助学生发展统一的价值和伦理基础，拟定并宣传对学生学习的高度期望，使用系统的研究去引导学生和组织行为，有效地利用资源以达成组织的任务和目的，联合全校的教育人员，建立具有支持性的总体性学生社区"，以最终促成学生学习为高校学生事务的核心价值。

有效学生管理组织包括学籍管理组织、学业指导组织、职业生涯规划指导组织、生活事务管理组织。为了尊重广大学生，发挥群体作用，学生事务管理组织亦需要建立委员会性质的组织，如学生事故处理申诉委员会、学生会、社团联合会、学生实习指导委员会、大学生创业指导中心等。为了保证学生事务管理组织

①徐博文著.基于能力培养的高职教育教学模式研究［M］.长春：吉林出版集团股份有限公司，2022：8—9.

②同上.

功能的发挥，需赋予他们新的功能。

一是思想教育的咨询功能。学生事务管理组织的基本职能是育人，育人的首要任务是思想教育，为学生提供咨询和指导，让学生正确地认识、分析、判断社会信息和社会发展过程中涌现出的新价值理念，促使他们自觉接受先进世界观、人生观、价值观的转变，让他们以良好的心态对待自己、对待社会，以更佳的心态对待学校、社会环境，与此相对应的组织包括心理咨询中心、就业指导中心、学籍管理中心、社团管理中心、学生服务中心等。二是创设学生选择自主成才的环境。现代大学生由于他们的经历不同、知识结构不同、兴趣爱好不同，造成他们的学习、科研能力也不同，对毕业后所从事的职业也有不同的选择。有效的学生管理组织要充分尊重学生的自主权，让他们根据自己的个性、学习兴趣和专长自主选择专业、课程、教师、学习时间和地点，在给予他们学习咨询和指导的基础上，使之能够保持参与教学的积极性和思考问题的自主性，培养他们的理性精神和主体创造精神。为此，成立社团性质的学生组织是一种很好的选择。现代大学生交往空间日益扩大，迫切需要适合青年自身特点的能实现互教互学、有交流机会、锻炼和表现自己、发展个人兴趣爱好的形式，学生社团以共同的兴趣爱好、共同的意愿为基础组建。学生社团是学生综合素质培养的重要载体，是学校思想教育的重要阵地，是校园文化的主要建设者。学生社团是有效学生管理组织的重要部分，对于进一步促进学生能力的提高、素质的拓展、丰富课余生活有极大的帮助。

三、明确职责

（一）明确部门职责

明确教学部门的职责首先要规范各部门之间的相互关系，以避免在管理工作中出现摩擦、玩弄权术以及效率低下的现象。管理不当的一个重要原因是授予权力而没有负起责任，这将会导致权力的滥用。

在当前高校教学管理工作中，多数采用的是校、院（系）两级管理模式，在这种管理模式下，"院校顶层自治的加强与学部和系一级决策机构的自治之间存在潜在的冲突，所以，从较低的层次上看，院校自治的增加表明了一种可怕的集权化"，因此，对代表学校的教学管理职能部门和直接面向师生的院（系）教学部门的职责进行界定，就是教学管理制度要解决的重要问题。需要在教学管理制度创新的过程中，对此两级管理部门进行必要的职能和职责权限的明晰界定，理顺两者的关系，体现两级教学管理体制的科学性。主要措施是高校的校级领导和各职能部门必须从以往那种包揽各种日常管理事务的状态中解放出来，改过去的过程管理为目标管理、价值观管理，减少对教学、科研等具体工作的干预，其职责应定位在统一管理、全面协调以及检查督促等。二级院（系）则要充分发挥主动性、能动性，走出校门，走向市场，根据社会的发展需要，妥善处理好院（系）与学校、社会、企业的关系，承担起基层教学管理和从事教学科研活动的双重职责，做好学科建设、人才培养、科研等最基本的学术工作，确保教学管理在院（系）诸多管理中的核心地位。

学生管理部门亦应从纯粹的日常管理、生活管理的职责，向促进学生的学习与发展的方向迈进，要从"父母替代者"向具有更直接、积极的教育意义的角色转变。学生管理部门应主动参与到学术事务中去，与学术事务管理建立良好的伙伴关系，以利于在校园内创造"无缝隙的学习经历"，伙伴关系和协作应成为学生学习环境的特征"，加强学生对综合素质教育、服务学习、课外活动、心理社会发展的认识及加强学术与社会之间的整合等。

（二）明确岗位职责

"建立健全教学管理岗位责任制是实现高等学校的教学运行管理系统高效、有序、规范、科学的基本保证"。明确教学管理的岗位职责，应包括责任指标、工作标准、协作要求、激励措施。一是明确每个岗位应担负的责任，该责任能够让他们明确地知道完成责任指标的重要意义和对其本人的价值，以充分调动他们的工作积极性和主动性，责任指标应该具有可行性，即通过努力是可以实现的，其衡量标准也需是统一的、明确的、客观的。二是明确每个岗位的工作标准，如该岗位所具有的业务功能、服务功能，对岗位工作所应具备的行为要求，对完成岗位工作具体的实施方式和方法。三是协作要求，包括做好部门内外的协作关系、上下工作程序协作关系、平行部门和岗位协作关系等，处理好这个协作问题可以起到充分利用周围环境、资源为岗位工作提供支持的作用。四是激励措施，教学管理要制定主要包括精神激励在内的激励措施，对完成岗位职责的要兑现奖励约定，没有完成的要兑现处罚约定。

四、保证程序公正

（一）构建问题、数据分析

以事实为基础，既要掌握目前所知的全部事实，并有所考虑，做好充分的学习准备，不能盲目判断事实的正确与否，要对问题进行深入挖掘、提出疑问、搜集证据，对拟制定制度进行充分的必要性、可行性论证，从多个视角考察制度的必要性、制度可能带来的"利""弊"分析、制度给教学工作带来的影响、对教学管理目标的达成度等，这样才能够提出证实或证伪初始假设的若干问题。

数据收集的一个重要方式是访谈。通过访谈，不仅可以得到主要的数据，而且可以发现二手数据的信息来源。当然，访谈的价值不仅仅局限于数据收集，它还可以作为验证观念、增加可信度的一种机制。在完成所有的访谈和数据后，就需要对大量的细节进行筛选，"从稻壳里挑选出麦子"，去粗存精，剔除不相关的论据，把能够证明或证伪假设的数据贯穿成一个模型。接着，就是用此模型解释结果，如果分析证明假设是对的，我们就可以描绘出数据所蕴含的行为过程。而另一方面，如果数据证明假设是错误的，就需要重新设立假设来拟合数据。当事实与假设互相矛盾时，需要修改的是我们的假设，而不是去推翻事实。

构建问题，是对现有状况进行充分分析，以学校长期战略规划为指导，提出、界定、细分问题，然后进行数据的收集与分析，建立解决问题的模型，同时还要不断地证明或证伪这一模型假设。在进行上述数据收集以后，不能就此止步，而要继续进行深入分析，构建问题模型，从而得出许多有益结论，即那些不良现象正是制度不科学、不合理、不健全的原因所导致的，其隐含的结果就是教师没有教学自由、学生缺少学习自由、行政权力泛滥导致管理柔性缺失等，这就为我们运用制度分析方法，提出解决问题的措施奠定了坚实的基础。

（二）尊重服务对象，以广泛参与方式体现民主要求

民主参与包括许多形式，如促使校园文化由专制向民主的过渡，主要是通过教学管理理念的转变，指导服务性管理制度、人性化管理制度和柔性化管理制度的建设；构建扁平化组织结构，通过各类委员会的设置和对院系权力的让渡等方式，赋予基层学术组织和教师们充分的权力，以保障学术自由地实现；让师生具体参与制度决策和执行过程等，如成立各种教师、学生的服务组织，设置学生助理岗位，提供教师和学生信息服务等。教学管理制度的变革不仅是一次利益的调整、权力结构的划分，也是一次新旧文化之间的冲突和变革。从行政意志主导的制度变革转变到共同参与的制度变革，不仅需要教学管理者与教职员工、大学生之间的相互角色发生变化，还需要大学文化氛围从专制到民主的变化。通过制度变迁，促进教学管理服务性、人性化和柔性化理念的形成，推动校园民主文化的发展；反过来，校园文化从专制向民主的让渡，又能促进制度向着民主的方向变迁，彼此之间相互作用、相互推动，相辅相成、相得益彰。

民主最重要的手段还是让师生参与学校的管理和决策过程。广泛参与包括时间维度上的持续性和稳定性，尽管个体的行为可能是一次性的，但教学管理制度的创新需要在整个过程，包括执行、反馈环节都要坚持这一程序民主的原则，在对教学管理制度的变更、替代、创建时更需如此，需要在制度分析全过程、全时段上予以坚持和完善，以保证时间维度上的持续性和稳定性。

（三）建立良好的沟通、协调发展

无论是采取强制性制度变迁模式还是诱致性变迁模式，是采取行政主导式的刚性创新手段还是参与式民主措施，建立一种有效的沟通、协调机制都是必要的。这种沟通、协调机制的建立，有利于界定权力和责任的界限，克服权责不分所带来的管理混乱，在保证行政权力效率的同时，赋予教师足够的学术权力以保障学术自由，赋予学生应有的权力保证学习自由的实现，也是解决学术权力和学生权利缺失导致的合法性危机的重要渠道，最终促使程序公正的实现，以获得教学管理制度对教学质量提高的有效保证。良好的沟通、协调机制包括以下几个方面。

一是设置决策过程中行政权力、学术权力、学生权利相互协调的有效机制，在制度创新过程中，矛盾与纠纷是不可避免的，如果不及时化解，将最终导致制度的失败，所以，在决策时要提高透明度，在创新的不同时期要及时通报进展情况和问题，给予师生员工质疑的权利和机会。二是建设良好的信息技术平台与信息沟通、共享机制，保证信息处理的及时与完整、数据交换渠道和平台的宽阔与畅通。无论是学术权力、行政权力，还是学生权利，他们在参与制度创新的过程中，都将更多地从自身利益角度出发考虑问题。为此，就要建立有效的信息中枢机构，公布各方面利益主体的信息、知识，将教师教学工作中反映的问题、学生学习过程中产生的困难、教学管理工作的成本等信息及时汇总到信息机构，使之能得到及时处理并反馈，实现信息共享，把各方面的创新过程和活动有机地联系起来。①

---

① 孙连京.高校教学管理理论与实践［M］.南昌：江西高校出版社，2019：38—39.

第六章 教育教学管理的创新机制

高等教育的大众化和由此扩大的教学规模，促使我国大学的教学数量与质量之间的矛盾逐渐显现出来。对高校教育教学管理来说，高等教育改革市场化的取向对其有着内外平衡的要求。高等教育的未来发展呈现出国际化的发展趋势，使得各大高校都面临来自国外高等教育机构的挑战。因此，我国必须创新高校教学管理模式，完善教学管理机制，从而促使高校快速发展，提高国际竞争力。

第一节 教育教学管理机制内容

一、高校教育教学管理机制的内涵

高校教学管理系统包括教学管理决策者、教学者、学习者、教学评价员、教学主管等。除教学体系外，还有科研体系、后勤系统、人事管理系统、学生工作体系、成人教育体系等。所有这些体系和教学体系内的各种因素构成了极其复杂的动态关系。然而，为了实现高校内各要素的和谐统一与动态系统间的统一，就必须建立有效的教学管理机制。准确认识高校教学管理机制的内涵是教学管理机制建立的基本出发点，同时也是建立教学管理机制的现实前提。

（一）机制

要了解高校教学管理机制的内涵，首先必须了解"机制"的内涵。但是，由于"机制"的概念本身是抽象的，而且不同的管理理念的理论基础不同，所以人们对"机制"的理解也不同。为了理解这个概念，我们可以从一个普遍的角度出发。机制与竞争密切相关，没有竞争，机制也可能就变得并不那么重要了。竞争可能引起的人与人之间的冲突需要通过各种有形或无形的手段置于一定的要求之下。所有人类事务的集体性质能够决定某种自发机制的存在。任何社会活动都有一定的机制。机制起着指导和限制的作用。在教育领域全面实施市场化教育改革后，社会将对个体和集体教育行为提出相应的要求。因为市场在某种程度上意味着行动自由。但是，任何社会都需要限制个人和集体的行动自由，以确保实现公共利益。重要的问题之一是如何在竞争中有序地进行竞争并增加规模，同时使最终结果大大优于每个个人单独活动的结果。人们对机制的理解可以分为以下几种。

1.机制即制度

在人们对机制所做出的解释中，机制似乎总与制度联系在一起。从此意义上来说，制度运行以及同制度运行有关的组织系统内部的关系就是机制的含义所在。因此，要理解机制，首先必须理解制度。关于制度，人们通常认为是指在一个社会组织或团体中要求其成员共同遵守并按一定程序办事的规程。由此可知，制度涉及两个方面的内容：一是人们生活于其中，既要保证个体利益又不妨碍他人利益的基本规范；二是关于制度的制度，即在制度确定之前，必须要考虑一个为人们所共同遵守的制度应当如何被制定出来，也就是议事的规程或办事的程序。[①]与制度相关的概念，就是"制度建设"，也就是通过组织行为完善原有规程或建立新规程，以便获得更好的效益。

2.机制即博弈规则

从博弈论的角度看，其实就可以将机制理解为社会的博弈规则，它是人类设计的，能够制约人们相互行为的约束条件。生活在社会里的每一个人的行为，都不是单纯的个人行为，而总会受他人影响或会影响到他人的存在、他人的行动。因此，每个人的行为都是相互行为。为此，社会组织的建构就必须考虑对人们的相互行为加以约束。例如，当若干人聚集在一起分蛋糕时，就必须要考虑建立起能够切分蛋糕的机制，以使切分公平，同时又使得这些人集合在一起而建立起社会组织。没有这样一个有效的切分机制，那么，不仅会使个人利益受损，而且将使得建立社会组织成为不可能。有效的机制就是"分切蛋糕者后取"。当然这里面牵涉到一个对人性的基本判断的问题。

这些约束条件可以是非正式的，也可以是有意识设计或规定的正式约束。而博弈规则就是让参与的人采取行动，以及由参与人决定每个行动组合需要对应何种物质结果。所以从博弈论出发，还能从其他方面定义机制，即通过为组织安排某种制度，而约束或激发组织内部个体、群体行为的一种活动。由此可以得出结

---

① 韦兵余，陈迎春，闫俊凤著.学校教育管理与教学艺术［M］.长春：吉林科学技术出版社，2022：118—119.

论，制度安排就是机制的核心，目的则是约束和激发组织内部中个体或群体的行为。

3.机制相互作用的形式、运动原理

任何社会系统，都无时无刻不在运行着。在这一过程之中，需要注意两个问题：第一个就是系统运行的动力在哪里，也就是说系统为什么能像有机系统一样充满活力并不断地朝向某个神秘的目标前进；第二个就是系统前进的顺序是什么。关于这些，事实经验表示，系统的运动变化其实是有一定规律的。而按系统论观点来说，系统运行时的程序与动力，最终都要归结于内在子系统的机制，一种一经启动就可以自发不停地开始生生不息地运动的平衡关系。所以从管理学角度看，机制指的就是在管理系统内，各个要素与子系统之间相互联系、作用与制约的形式、运动原理与内在本质的工作方式。

结合上述机制的制度观和机制的博弈论观点，可把机制当成社会为了对个体、群体进行约束和激发，从而设计出的制度安排。而在这一定义之中，机制的主要功能有两个。第一个是对个体或群体进行激发，从而促使某种行为发生。而这种被激发出来的行为，正是组织所期望的行为。组织借助这些行为能够有效地实现组织目标。第二个是抑制个体或群体的某些行为的发生。这些被约束的行为是组织系统所不期望的行为，且它们的发生将对组织目标的实现产生严重的阻碍作用。同时，上述定义中所提到的制度是具有人为设计出来的正式规则的意义的。因为就人类的约束机制而言，大量的规则，即那些对人的行为有着重要的影响的习惯、道德、风俗等，乃是自发形成的；而人类设计出来的制度，只是人类的各种规则中的一小部分。

（二）教学管理机制

鉴于对"机制"的理解，从抽象的意义上讲，我们可以将教学管理机制理解成教学系统在操作过程中，其各组成要素间的相互联系和相互作用。这也是对教学运行过程属性的抽象概括。即使教学管理系统与很多要素有关，如时间、空间、人、财、物等，而且教学管理学所要研究的对象就是要素间的各种关系，但对于机制设计来说，人才是最关键的要素。所以，教学管理机制从本质上必须考虑人与人之间的关系。从个人或群体的意义上讲，人类双方的关系问题，即人与人之间的关系，人与团体，或团体和团体间的关系，才是管理者应主要考虑的。

在具体意义上，我们可将教学管理机制理解为，为了对教学组织系统内部中个体、群体的行为进行约束与激发所设计的制度安排，即教学组织系统。而其中，教师、教学管理者、学生、高校内部与教学有关的其他人员都属于教学组织系统内部的个体，重点是教师和教学管理者；其群体则是上述个体的类的集合，如作为群体的教师、作为群体的学生、作为群体的管理者，等等。

组织系统内部各成员之间的行为是相互影响的，单纯地看，一个制度安排也许是好的；但是由于它必然要牵涉到组织系统内部的其他成员，因而一个看起来好的制度安排实际运行后得到的可能是一个坏的结果。

二、教学管理机制的核心问题

从教学管理机制内涵方面来说，有两个核心问题。一是能够促使诸多行为发生的问题，即激发行为问题。从教师教学角度出发，教师要准备课程，翻阅各种类型的相关材料，对教学过程进行详细的设计，并且实施实验教学与课堂教学，指导学生的毕业设计与论文，以及为学生组织一些课外活动和社会实践等。这样一来，除了能够进一步提升学生的能力素质外，还有利于教师的发展与科学、学术研究。所以教学管理为了促使以上行为发生，就可以通过机制设计来达到，这不是短期的，而是连续的。二是抑制某些对大学生提升素质和发展能力没有促进作用的行为发生的问题，即约束行为问题。

但实际上，不管是激发还是约束教学行为，学校在建立教学管理机制时都应当将分析教学行为作为前提条件。所以，学校在建立有效教学管理机制时，应先评定教学质量，且鉴别与之相互作用的教学行为，还有各行为之间的关系、这些行为同高校内部其他方面的行为等之间的关系；此外，还需要考察激发或约束的行为与高校教学管理系统外部环境之间的关系。

这种鉴别对于教学管理机制的建立仍具有方法论上的意义。没有这种对教学行为及与其他行为之关系的鉴别，那么，一切有关教学管理机制之建立的构想都是虚空的。

需要特别强调的是，教学管理机制的设计不仅仅是激发或约束教师的行为的问题，同时也是一个激发或约束教学管理者的行为的问题。

第二节　教育教学基本管理机制

一、教学秩序与教学常规管理

通过使教学工作程序化、制度化与规范化，保证教学工作在不出差错且确保质量的情况下顺利进行，直到最终完成任务，就是学校教学管理工作最基本的内容之一。

教学是对学生进行教育的根本渠道，同时也是有组织和有计划的教师教、学生学的过程。教学常规管理历来是学校管理的重要内容，也是学校领导者的基本活动。教学的常规管理除了是学校确保正常运行教学工作的基础，还在促进教育改革和教师成长等很多方面均发挥着十分重要的作用。学校的教学管理工作是否能和谐顺利地进行的关键在于能否建立起正常的教学秩序。建立正常的教学秩序，是教学工作得以正常进行的保证，是提高教学质量的重要条件。

（一）教学秩序的含义

稳定、充满活力且协调的教学秩序就能被称得上是一个良好的教学秩序。教师创造条件为学生传授人类已经探究过的科学真理的过程就是教学，同时也是教师对学生加以引导，从而使其将知识向能力转化的特殊过程。该过程与各年级学生的年龄特征、各年级的教材编排和课程设置等有关，也与教学任务、教学目的、教学方法和教学内容等各层次要求有关。学校管理者首先要考虑的，就是怎样使教学过程产生更好的教学效果，并建立稳定、协调且有活力的教学秩序。同时，这也是学校管理者必须要做的工作。

稳定的教学秩序就是学校在一定的时期，按一定的标准，招收一定数量和质量的学生，开设一定数量的课程，使用一定质量的教材，使学生经过一定年限的学习，达到一定的成绩标准毕业离校。这是一个年复一年、周而复始地运转的过程。学校应当时刻按照教学规律办事。这样才能使教学过程正常地运转下去。学校应当根据自身特点，制定各种规章制度，使教学工作有章可循，照章办事，所有员工各司其职，互相支持和配合。

协调的教学秩序就是在上述各种因素既有各自的客观标准，互相之间又有相互制约的关系。课程的多少、教材的深浅繁简与学习年限的长短、入学程度的高低、教师教学能力的强弱，都应该相互协调吻合。如有一处脱节，就会引起紊乱，教学中的各种正常比例关系就会失调。

有活力的教学秩序要求改进课堂教学方法，让以学生为主体的课堂代替以教师为主体的讲堂，同时也要将这两者能有机结合起来，使课堂教学与课外活动互相补充、互相推进，以扩大学生的科学知识视野，发展能力，增长才干，丰富精神生活和增强体质。这种师生与课内外的有机结合，能够陶冶学生的情操和开拓他们的思维，使其形成爱科学、学科学、用科学的直接兴趣，从而生动活泼、主动地学习。

稳定、协调、有活力的教学秩序，有助于教师顺利完成各项教学任务。学生的德、智、体、美全面发展是学校教育的根本教育目标。保证学生在德、智、体、美等方面都得到发展，是学校管理工作的全局目标。教学计划是学校管理工作这个全局的一个主要组成部分。而教学计划对于个别学科来说，又是一个全局。恰当地处理好这两个全局和它们内部的关系，是建立稳定、协调、有活力的教学秩序的关键。学校除了教学工作外，还有团、队、政治课教师和班主任系统的思想教育工作，以体育教师和校医为主体的体育卫生保健工作、行政管理以及总务等工作。学校的各项工作都要围绕教学这个中心。学校应制定相应的工作制度，为建立正常稳定的教学秩序而创造良好的条件。

（二）教学秩序的意义

1.是全面提升教学质量的保证

衡量教学质量的高低不仅要看智育任务完成的情况，而且要看德育、体育、美育等任务完成的情况。智育任务不仅强调基础知识和基本技能的教学，还要求通过课堂教学和课外活动发展学生的能力。真正高质量的教学，必须做到上述几个方面的有机结合，统筹兼顾。而要保证学生德、智、体、美诸方面全面和谐的发展，就必须建立正常稳定的教学秩序。只有这样才能把学生从过重的课业负担和频繁考试的束缚中解放出来，让他们学得开心，让他们在掌握知识的同时，提高其实践能力、自学能力和创造能力，让他们在长知识的同时，长身体、长才干，并形成高尚的道德品质和良好的行为习惯。

2.有助于防止教学管理混乱现象出现

近年来，涌现出一批坚持全面育人、减轻学生过重的课业负担、提高教学质量的先进学校。这些学校能够端正教育思想、加强科学管理、提高教师素质、改革课堂教学，建立了正常稳定的教学秩序，取得了十分可喜的成绩。但是仍有相当数量的学校任意改变教学计划，随意增减课时，频繁考试，布置过多的作业，让学生在校时间过长。有些教师甚至扶优逐劣，歧视后进学生，教学秩序比较混乱。所以，教学常规管理的首要任务就是要坚决防止这种混乱现象出现，努力建立正常稳定的教学秩序。

二、教学常规管理的内容和实务

（一）常规性的教务工作内容

1.学期初的常规性工作

学校在开学前后的工作重点就是保证班级的照常开始且尽可能快地回归正常教学轨道。一般来说，常规性工作是学期初最常做的。所以教务工作的首要任务就是前期的招生，编班，安排好课程表、作息时间，做好其他活动的表格等。这也可以说是为了学校能正常运转下去而制作出总运行图与调度表，反映了教学秩序，且充分体现出了教育教学的思想。

在学生基本办理完入学报到的各种手续的下一步，就是组织师生上好"第一课"。教师需要在第一堂课就给学生留下一个深刻且良好的印象，以便顺利进行之后的教学活动，达到让学生认识教师并相信教师的效果。一个良好的开端就意味着已经成功了一半。所以，教务管理人员一定要看准时机，适当、合理地对师生工作学习等积极性进行调动，努力把师生的兴奋中心转移到教学中，或者督促他们把重点放在教与学上。

2.学期中的常规性工作

在开学之后到期中考试前夕，教务处工作的重点是多且复杂的，比如，制订并落实各科的教学计划和学生的活动计划、对全校学生名册进行编辑、时刻检查教学进度、将相关的规章制度修订好、组织教师会议并积极听取教师意见、查看教学成果、组织期中复习、考试等，达到教学过程中的第一个高潮。在该阶段中，各科教师还要在教务处的协助之下，开展课外学科的小组活动，对"课外教学"的活动计划进行落实。

而教务处在期中考试之后的工作重点，就是做好期中考试总结，在评估检查教学工作方面积极地配合校长。并且基于此，教务处还要学会分析重点学科的教学质量，从而有针对性地提出相关改进措施，与此同时，还要仔细检查教务工作本身有没有问题，在安排期末结束工作时也要尽量细致，从而达到教学过程的第二个高潮；预定下学期的课本，做好物质准备；同时还可以面向全校组织教学观摩与教研活动。[①]学期中的工作一般都属于常规性工作范畴内，只要按照教学计划的日程安排按部就班地做，是能够收到实效的。

3.学期末的常规性工作

在学期末时，教务处工作的重点开始有所转向，即组织好期末考试，做好评分，同时为之后的分析全校教学质量以及判定学生该留级还是升级提供充分的数据和素材，还要组织班主任填写学生以往的成绩与操行评定通知书；记录好各年级与各班学生的出勤率，并且公布；对期末之前的工作进行总结，收集好曾经评选出来的"三好学生"和"优秀教师"的材料；查看学生手册，做好期末的结束工作，并印发毕业证书与通知书等；同时还要组织指导教师做好学期结束的各项工作，包括教师自身的教学总结、教研组工作总结，做好教务处自身工作的考核与评比，安排好假期工作，制订好下学期教学工作计划，下学期工作的总体安排；等等。学期末的这些工作是整个学校教学工作过程中的一环或一节，既承上又启下。因此，教务处一定要把这些工作做好，不能重开端而轻结尾，不能因为是学期结束了，存有马虎、潦草收场的心思，以致耽误工作。

---

① 单林波.高校教育管理体系构建研究［M］.北京：首都师范大学出版社，2022：7—8.

（二）常规性的教务工作管理

1.教务计划管理

（1）教务处教学工作计划

学校要在整体工作计划的指导下研制出教务处的教学工作计划。学校总体的教学工作计划，对整体工作计划来说是非常主要的组成部分，并且应当由校长来亲自主持编制该计划，而辅助制定者则由教导主任担任。

教务处的教学计划的内容主要包括以下方面：制订并实施改进教学工作的措施；增强师资队伍的建设力量的措施；开展教学研究、促进教学改革的措施；完善管理制度、稳定教学秩序的措施；提高学生学习积极性的措施；加强实验室建设的措施；等等。

（2）教师教学工作计划

学校教学工作计划管理的基础性工作之一，就是指导教师制订好教师的教学工作计划。因为学校教学工作计划管理要落实于教师教学工作计划中，所以，教务管理者必须重视这项工作。教师的教学工作计划主要包括以下几方面内容：分析上一学期学生学习本科课程的一些情况，包括基本技能、知识、学习态度和方法、能力发展水平等方面；分析本学期课程的教材内容，包括基础知识与基本技能方面；分析教材体系的结构以及教材和教材间的关系；本学期提升教学质量和改进教学方法的措施；教学进度安排；等等。

教务处除了要负责学校教学工作计划的制订与实施外，还应当指导学生制订自己的学习计划，使学生的学习有计划、有目标地进行。

2.教务组织管理

在制订好学校教学计划以后，教务处就要担负起教务组织管理工作，诸如排课、调课、代课和补课，检查教学进度，检查教学质量，听取教师的意见和建议，召开教师会议，组织班主任填写学生的平时成绩和操行评定通知书，组织教师或学生进行教学或学习经验交流，详细记录与公布各年级与各班学生的缺勤情况，收集好"三好学生"和"优秀教师"材料。教务常规工作的基本职能即组织实施，而常规管理的基本职能则是组织管理。一般来说，学校对教务组织管理都是非常重视的，尤其重视教务组织工作里的统计管理。

加强教务统计管理，可以使学校时刻掌握发展动态与基本情况，从而在遇到问题时能及时地采取有效措施。学生的考勤统计、基本情况统计、学习负担情况统计、各科成绩的统计以及完成教学计划的统计等都属于教务统计的范畴。而统计报表则包括了学生概貌报表，其中有全校学生人数、男女生分别的人数、户籍、来源、民族、党团员人数等内容；教职工概貌报表，其中有教职工总人数、男女教师总人数、每个专业的人数、教师文化程度、年龄、退休教师人数等内容；学生的迟到、旷课、早退人数报表；学生考试成绩统计报表；教师出勤情况报表等。

三、课程改革与教学方法管理

（一）根据教学方法的多样性进行管理

教育学教科书一般会介绍八九种教学法。但教师在教学实践中所使用的教学法的数量不是固定的。所以，在教学过程中，不是单一的教学方法对教学起作用的，而是由多种教学方法构成的教学方法群对教学发挥作用的。除了一般的教学法外，各学科教学都有各自的教学法，如数学教学法、语文教学法等。某一门学科的教学法又可分出许许多多的教学方法，如外语教学法中的听、说、读、写教学法。即便是阅读教学，还可以分出精读、泛读、快速阅读等方法。总之，各门学科都有着大量的教学方法。

教学方法的多样性受多种因素的制约，如教学任务、教学内容、教师特点、学生特点、教学条件。教学方法的多样性要求学校领导者在进行教学方法的管理时，首先，要求教师学习和掌握多种多样的教学方法；其次，要指导教师根据实际教学的需要，运用多种方法进行教学；最后，还要热情支持和鼓励教师进行教学改革和实验，创造新的教学方法。当然，教师对教学方法的使用应持慎重的态度。教师要对各种教学方法进行认真分析和筛选，结合教学实际加以利用，绝不能孤立地、单独地运用某一教学方法进行教学。

（二）根据教学方法运用的综合性进行管理

在一节课上，教师不可能只采取一种教学方法就能达到教学目的，因此就需要将多种教学方法结合起来，再综合运用。比如，教师在上物理课时，一般为了证明力学原理会用到演示法。但实际上，教师往往会首先进行复习检查，向学生提问并对上一节课的内容进行指导；再次，在教授新课时，教师又往往以提问为主，让学生产生疑问，再演示相关教具，且在演示过程中引导并启发学生进行观察与思考；最后，基于教师的提问与学生的回答情况，简单并抓住主干问题讲清楚力学的原理究竟是什么，让学生记好笔记，并布置作业练习。在这一系列的活动中，教师运用了多种教学方法，有检查复习法、演示法、指导观察法、讲解法等。

教学方法的运用之所以具有综合性，有以下几个原因。一是因为教学内容是复杂的。尽管每节课的主题可能是一个，但围绕一个主题还有多个具体的问题，所以，教师应根据教学内容采取多种教学方法。二是学生的学习是一个过程，所以，教师在不同的阶段应采取不同的教学方法。三是某一种教学方法对某一节的某部分教学内容起作用，但不会对所有的教学内容都起作用。因此，在教学过程中，教师应将各种教学方法结合起来。

根据教学方法运用的综合性特点，管理者在管理过程中要指导教师综合运用各种教学方法，将各种教学方法有机结合起来，既可以以"一法为主，多法相助"，也可以"多法并用，相互补充"。如果教师一节课只用一种方法，就易使学生倦于听课，达不到期望的教学效果。

（三）根据教学方法的艺术性进行管理

对于教学法，教师要认识到"教学有法，教无定法"的特点，正确处理"有法"和"无法"的关系。"教学有法"是指在任何一种教学活动中，教师都要运用一定的教学方法。"教无定法"是指教师在教学过程中不能固守某种教学方法，不能将教学方法公式化，而应根据教学的需要灵活运用。"教学有法"讲的是教学方法的科学性，"教无定法"讲的是教学方法的艺术性。所以，教师在教学过程中，既要注意教学方法的科学性，又要讲究教学方法的艺术性。

教学方法的艺术性是指教师在使用教学方法时，不能按照固定的程序使用，要根据条件和需要，善于将教学方法创造性地运用于教学实践中。教学方法如何使用，什么时候使用，主要取决于教学的实际情况。

教学活动是师生的双边活动，可以充分体现出师生双方的主观能动性。随着教学活动的推进，学生的心理活动、学习表现会出现新的变化。不同的学生对同一的学习内容有的不同表现。即使是同一学生，也会因学习内容的变化而有不同的表现。比如，教师在运用讲授法进行教学时发现学生没有兴趣，就应运用其他方法激发学生的求知欲；在学生感到疲倦时，教师可以运用有趣的方法，启发学生的学习兴趣，消除学生的疲劳感。

根据教学方法的这一特点，在教学方法管理中，管理者应强调教师熟练掌握各种教学方法，要求他们灵活地、创造性地将教学方法运用于不同的教学情境中。只有灵活、巧妙地运用各种教学方法，才能产生良好的教学效果，才能充分发挥出教学方法的作用。

（四）根据教学方法的发展性进行管理

教学方法是随着社会发展和教育发展而发展的。没有永恒的教学方法。教学方法的发展不仅指量的增加，而且指质的提高。教师不仅要创造出更多的教学方法，还应根据教学的发展不断改善教学方法。

首先，管理者应鼓励教师学习古今中外优秀的教学方法。我国历史源远流长，有着丰富的知识宝藏。在教育方面也有许多值得我们今天借鉴和发扬的内容。管理者应鼓励教师认真学习我国古代的教育方法，剔除其糟粕，吸收其精华。我国古代教育家们创造的许多教学方法仍然具有旺盛的生命力，如"启发诱导""长善救失"等。对历史秉持虚无主义的态度是十分错误的，而不分良莠全盘继承也是不正确的。所以，教师应批判地继承我国古代优秀的教育遗产。对国外的教育教学思想、方法，教师也应积极地吸收。凡是有用的，教师都应努力学习。同样，盲目排斥是错误的；而不加分析，全盘接受也是不正确的。其次，管理者应支持教师在实验的基础上大胆创新。学校教导主任要认识到教学方法对实现教学目的的桥梁作用，应鼓励和支持教师不断去实验，在实验的基础上创造出新的教学方法。

再次，教学方法改革要和教学的其他改革配套。教学方法应服务于教学思想与教学目的。而制约它的则是教学对象、内容与组织形式等。并且，若不改革传统的考试制度与教学指导思想，教学方法是很难得到发展的。所以，教学方法改革应和学校教学整体改革相结合。单纯的教学法改革效果不会太好。最后，教法改革和学法改革并重。教学过程是教和学的统一的过程，是一个过程的两个方面。因此，教学方法改革是教法和学法两方面相互协调和统一的改革。长期以来，教师对学法重视不够。实际上，教法是为学法的有效性服务的。教师在教学过程中应加强教法和学法统一的研究，促进教学方法的发展。

四、教学方法的优化

（一）从注入式转向启发式再转向学导式

所谓"从注入式转向启发式再转向学导式"揭示了学导式由启发式发展而来，启发式由注入式发展而来。

其中，注入式又可以被称为填鸭式，主要是指教师并不关注学生在现实中的知识水平、理解能力和认识过程的客观规律，只是一味地灌输给学生现成的知识结论，从自己的主观方面掌控教学进程，且仍旧实行让学生死记硬背的模式。而启发式则指的是，在教学过程中，教师按照学习过程的客观规律，对学生进行引导，使其能自觉掌握知识的教学方法、理论等，淘汰注入式方法。我国教育的指导思想与原则一直都是启发式教学。但是，由于学校管理水平和教师素质不高，启发式教学长期以来一直处于"启而不发"的状态。

学导式教学是由启发式教学发展而来的，它的教学方法就是，在教师引导下，教师对学生采用个体结合群体的方式，使其自主、直接和快速地参与教学过程中，让其在教材中获取知识，形成学力掌握学法。这是学导式教学法的完美形态。这种教学方法除了要求教师对教学中的人人关系和人书关系加以重视外，还要求教师对教学系统空间因素进行考虑，考虑教学内容的量度、密度，注意教学的速度与节奏，高速高效地安排教与学的过程。从学生角度来说，学导式教学是一种主动学习、自主学习活动。①由此可以看出，启发式是对注入式的否定，学导式是启发式的升华。

（二）从依赖教学转向自主教学

学生对教师有着很强依赖性的教学活动即依赖教学，其有着"一维性"特点，也就是只有一种目标与结果。在依赖教学过程中，教师统一安排教学内容、统一制定教学目标和统一使用教学方法，而学生则会因为教师让自己学习才学习，觉得学习是教师要管的事。依赖教学的"一维性"使一些学生"吃不饱"，有的"吃不了"，有的"吃不好"。

学生受教师引导，主动地参与到教学的全过程，且能够自主地进行学习活动就是自主教学。这一教学活动有着"多维性"特点，也就是会有多种目标与结果出现。教师对学生予以鼓励，让他们按照自己的能力与特点参与制定教学目标，并且促使他们通过提出方式、策略而实现自我强化，以便能够在最大程度上按照特点制定出教学目标。学生会认为学习是自己的事情。自主教学的"多维性"会让优中差生"各行其通"，"优生不封顶，差生能保底"，各类学生在原有的基础上都能得到不同程度的提高。

从依赖教学到自主教学，既是一种改革趋势，又是一个渐进过程。作为一种教学方法，自主教学要求教师在学习需求、学习方法、学习过程、学习资源、学习时空、学习评价等方面促进学生增强自主性，要求学生明确使命感与目标追求，还要具备创新意识与活跃的思维，并且可以自发地对自身学习行为进行监控与协调。

（三）从认知教学转向情知教学

认知教学的教学过程是感觉、思维、知识、智慧，智力、逻辑、分析、科学领域。它的特征：教师不给学生观察、思考、提问题、自己动手的机会，一味翻来覆去地讲，而学生依样画葫芦地做习题。学生摸不清学习的具体目标，不知道自己在学习的长途中走到了什么地方，走得怎么样，应从哪里努力等。情知教学的教学过程是感受—情绪—意志、性格。它的基本特征：强调教学过程是认知过程与情意过程的辩证统一，因而情知教学不但重视研究教学过程的认知因素和智力因素，而且重视研究教学过程中的情意因素；不但重视认知功能中反映作用的发挥，而且注重情意功能中动力作用的发挥。

---

① 左媛媛，刘红军作.教育管理理论与实践［M］.长春：吉林出版集团股份有限公司，2022：132—133.

第三节　教育教学管理模式的变革

一、当代高校教学管理观念的变革

（一）由"以事为本"转变为"以人为本"

如今，当代的高校教学管理想要贯彻"以人为本"思想，就要面向基层、服务对象与教学活动等。所以，管理者不管要实施哪一项与教学管理相关的制度、政策与措施，都要将这一点作为前提，以促进教师教学活动的自主性与创造性、学生学习的积极性与主动性等，以便能够对学生的实践能力与创新精神进行培养，从而在最大程度上发挥其创造性、主动性。因此，当代高校教学管理的观念应转变为以"人"为中心的民主型管理观念。当代高校教学管理应改变被管理者、学生与教师的被动地位，使他们既属于管理对象一类，同时也能具备管理主体的观念；与此同时，还应采用民主与参与式的管理方式，充分保证教师顺利地参与教学管理工作，并提出与教学管理有关的建议，以有助于学校教学管理工作的顺利开展，保证教学质量。

管理者与被管理者之间存在双重关系，也就是工作关系和人际关系。工作关系主要强调责任，而人际关系则强调感情交流。在学校教学管理过程中，管理者需要保持双重关系的大致平衡。从被管理者角度来讲，管理者除了需要强调其工作关系，严格要求被管理者且坚持原则外，也应注意到人际关系的重要性，即要增进彼此间感情，爱护被管理者与关心被管理者。

（二）坚持"教师主导，学生主体"的教学原则

"教师主导，学生主体"的教学原则强调让学生在学习时明确自身地位，要以教学主体而存在。因此，教学活动的最终效果或评估系统不是基于教师所教的内容，而是基于学生所学的内容以及其对他们的素质产生的影响。从本质上说，这是"以人为本"的思想在教学管理过程中的重要体现。

二、当代高校教学管理模式的变革

当代高校教学管理模式既要严格也应宽松，也就是办事应当严格遵守规章制度，一视同仁；但同时，对于创造性人才的培养，在管理模式方面也应较为柔软和有弹性，充分对学生潜力加以挖掘，并为了发展其个性而创造条件。所以，管理者在教学管理中应当时刻对规范、严格与灵活性方面进行处理，并提供充分的空间与时间给学生，让其发挥自身的个性，进而让其创造性思维在一种宽松的环

境氛围中得到发展。与工业经济时代"标准化"教育的"刚"性管理相比，当下知识经济时代的教育是一种建立在鼓励创新教育基础上的有较高理论水平的"柔"性管理。[①]因此，我国高校尤其要对"刚"性教学管理制度进行改革。在深化教学管理改革中，教师需要发挥很大的作用。因此，管理者必须鼓励教师积极参与教学管理改革。现行的管理制度已经有些阻碍改革的进程了，比如，很多大学都实行了教学工作量制度，主要通过计算教师承担教学任务的总量来调控教师的工资与奖金。但是，在改革教学管理的过程中，教师经常会投入很多精力，比如编写新教材和制订改革方案等。在大部分情况下，其现在的工作量一定会超过原本的教学任务工作量。但这一过程几乎不会体现在教学工作量标准中。这就导致了教学管理改革动力不足的问题。因此，高校需要出台一些政策，保证或勉励教师能够积极地实施教学改革。这也是目前教学管理需要进一步解决和研究的问题之一。

但是，如果不减少现有的学时，就无法让学生有时间和精力选择自己真正想选的课程。从表面上看，实施学分制的做法提供了很多学习条件给学生，但是因为时间上可能发生冲突，课程也可能太满，所以这些都将会导致学生基本不可能超前修课。虽然目前国家已经淡化了专业类别，但是对于具体的人才培养计划来说，其"专业性"依旧很强，学科交叉的目标还是可望而不可即。因此，改革现有的教学管理模式与方法是教学管理改革的突破口。

在人才培养模式中应用先进的教学思想观念有赖于高校教学管理部门的有效协调、组织和实施。例如，高校教学管理部门的一项重要任务就是制订人才培养计划。其遵循的原则是否符合培养创造性人才的要求、是否协调了各方的关系，对深化教育教学改革有着举足轻重的影响。对于课堂的教学评价来说，传统意义上的突出重点、逻辑性强和解决课堂问题等是上好课的基本标准。这一基本标准主要服务于传授知识的教育模式。而从学生创新精神的培养角度来说，传统的教育方式是不可能做到的。所以，高校的教学管理部门应当先制定出教师教学的评价标准，并在教学诊断时以现代的教育理念为指导，激发教师教改积极性。在改革了教学管理模式后，高校教学管理部门就要改进教学方面的管理科学方面的管理，主要应关注学生的学习方法、态度、习惯与效果等。在人才评价标准方面，标准过于单一机械，往往会压制学生的个性发展，扼杀了其创新精神。所以高校教学管理部门应当正确对待每位学生，且支持其个性的发展，使其能够开发自身潜能、发展独特个性、培养自身兴趣爱好等。因此，高校应建立有利于学生和教

---

① 单林波.高校教育管理体系构建研究［M］.北京：首都师范大学出版社，2022：11—12.

师培养创造性的科学评价体系和评价方法。[①]

① 郭晓雯.高校教育教学管理创新发展研究［M］.北京：北京工业大学出版社有限责任公司，2019：201—202.

第七章　教育教学人才培养质量管理

　　以人为本是和谐社会的核心内容，它能够促进多方面的协调发展，包括政治、经济、文化等。这一思想最初是由马克思提出来的，体现了有关社会构想的价值取向。其中，人与自然的关系是最基础的，也是人类生存和发展所必需。马克思认为，人只有在根本上与自然界真正融为一体，才能保证在日常的实践活动中构造出一个与自然和谐的世界，才能实现真正的社会和谐。基于这样的理念，教育是一切有目的地影响人的身心发展的社会实践活动，对创建和谐社会起着重要的作用，而大学肩负着人才培养、科学研究、社会服务、文化传承与创新的重要使命。这样的使命在一定程度上更好地促进了和谐社会的建设，并对高校的质量管理与人才培养提出了具体的要求，以培养对社会做出贡献的各类人才。可以说，大学作为客观存在，为人的全面发展提供了可能性。它不仅能帮助学生获得知识与能力，使学生运用知识和能力寻求就业，并逐步获得自己的社会地位。一个人选择读大学，根本意义在于形成帮助自己发展的人力资本，或者说劳动能力，用这样的资本和能力谋取就业和持续进步。

第一节　教育的有机结合

　　教育作为一种社会现象，是人类特有的传递经验的活动，它最终目的是开发人的潜能，使人类达到全面而自由的发展。大学教育包含多种学科，有着明确的专业划分，由于不间断地强化，其中的专业理念已经延伸到各个方面。科学教育体制是一把双刃剑，它虽然可以培养出不计其数的社会栋梁，却导致了教育失衡现象的普遍存在，并严重阻碍了我国社会的健康发展。如今，专门教育的发展已成为必然趋势，这种趋势在给人类带来危机的同时，也带来了时效和便捷。[①]眼下的关键是坚持不懈地拓宽人类的智慧空间，化挑战为机遇，不断发展大众教育，将专门教育和大众教育较好地融合在一起，以达到培养人才的最佳效果。

现代社会是一个正处于转型期的、多样化的社会，人与人之间存在着不同的差异。哈贝马斯认为，通识教育是一种关注人类交往资源培养的教育行为，也有学者将它翻译为"通才教育""普通教育""一般教育"等。现代一般教育的基本目标是在丰富多彩的社会生活中，为受教育者提供适用于不同人群的知识和价值观。[②]随着经济全球化步伐的加快，东西方文明之间的交流增多，人与人的交往在精神以及价值层面都有了一定的共通性。一般教育通过交往自愿培养的途径来实现人类社会的基本价值，囊括了人与人、人与社会、人与自然的关系。一般教育注重人的主动性和全面发展，协调各类教育关系。因而，一般教育在培养人才的过程中占据着重要的地位。一般教育的目的主要是对学生进行共同课程的教授，使学生具有一定的能力。通过有效地思考、恰当的沟通、准确的判断，区分不同价值。一般教育即发挥人的主动性并与现实环境建立相关关系的教育，诚如斯宾塞所言"为未来完美生活做准备"。这样的一般教育必然能够启迪心智，唤醒沉睡的心灵。

一、专业教育

专业教育有着广义和狭义两种不同的含义。广义的专业教育概念与高等教育很相近，但它与中小学所实施的一般教育不同，它也包含一些"专业"之外的教育。狭义的专门教育专指培养专业人才的教育，它是为学生学习某些领域的知识与技能做准备的高等教育。它通过系统的讲授学科的专门知识，从而有目的地培养拥有某些特殊技能和知识的人才。

二、专门教育与一般教育的有机结合

如今，高等教育大众化已成为不可避免的趋势，为了满足大众的需求，这就迫切需要重新分配和整合现有的教育资源。现有的高等教育体系一直都是以专门教育为中心，而新中国成立以来国家的发展和壮大需要大量的专门人才，这导致了大学中的专业教育受到重视，而一般教育却被长久地遗忘。从长期来看，我国

---

①史慧，高亚男作.大学生人才培养与教育创新探索研究［M］.长春：吉林出版集团股份有限公司，2022：208—209.

②张桓，柯亮著.当代高等教育管理与教学研究［M］.北京：北京工业大学出版社，2021：37—38.

经济的发展不仅需要关注社会道德和利益，还需要关注人文素养和情怀对社会发展的重大意义。邓小平同志就曾经提出过"两手抓，两手都要硬"的观点，如果只注重经济的快速发展，忽视了精神发展，也不利于社会和经济的发展。这样，受教育者就能享受到全面的教育，能同时享受到人文教育、专业教育以及人文关怀。但一般教育与专门教育不是绝对对立的，它们都为人的全面发展服务，只是侧重点有所不同，二者是相互促进的。一般教育关注学生的全面发展，关注的是学生基础知识和能力的获得以及身心的共同发展，利于学生专业知识的学习和持续地发展。而专门教育在教授专业知识和专业技能时，既关注学生批判与创新思维的形成与实践能力的提升，也关注学生的全面发展。因此，一般教育与专业教育是相互联系的，二者不是对立的。[①]它们的融合指的是打破学科和专业壁垒，在本学科领域中构建跨学科的一般教育体系，为学生提供一系列的精品课程，让受教育者拓宽视野，接触不同的学科领域，夯实基础。它们融合的目的是培养境界开阔、知识丰富、反应敏捷、情感真实的全面发展的人才。这充分说明了一般教育与专门教育融合的必要性。

设置一般教育课程的基本思想是通过二者的融合，实现知识经济时代大学教育的整体目标。凭借现代教育理念与和谐教育理念，完成有助于个人发展的课程设计，并通过多样化的教学形式，为受教育者打造自主发展、自主选择的良好学习环境。在一般教育课程中，始终贯穿着培育完整人格、坚强毅力、高尚道德情操的人文精神，这也是一般教育的核心理念。一般教育大体可以分为三个部分。一是人文精神的培养阶段，这一阶段着眼于开设人文教育和社会科学课程，从而培养学生对其他不同学科的广泛兴趣。一般教育关注得更多的是处于人文学科前沿以及同现实世界息息相关的问题，并适当把握学科专业的标准，激发受教育者的自主性。一般教育同时也是提升大学生人文修养的有效途径。第二个方面是自觉设置跨学科和专业的课程，把影响力较大的课题作为一般课程的主要内容，以此作为切入点寻求专业教育所带来的启发。第三个方面是对于一些高年级的学生来说，也可以整合多个学科专业、题目和领域，对其进行研究，研究对象既可以是现有学科专业的知识资源、现有的教育资源，也可以是现有师资与学生资源。

三、专业伦理教育

在培养人才的过程中，要使一般教育与专业教育有机结合，在现实领域，特

---

①史慧，高亚男作.大学生人才培养与教育创新探索研究［M］.长春：吉林出版集团股份有限公司，2022：41—42.

别要关注专业伦理教育。专业伦理教育包含认知与实践两方面的内容，它以认知为前提，进而关注情、意、行。其中，认知所体现的是专业教育的特征；而情、意、行所体现的恰恰是一般教育的特色。因此，现代专业伦理教育兼具专门教育和一般教育的特征，表明了专业教育和大众教育的相互统一。专业伦理教育的意义所在就是要让学生知晓将来其所从事的职业应具备哪些道德规范。课程的内容不仅有基本伦理学的知识，还应具有各个专业的伦理知识。值得注意的是，专业伦理知识属于知识的范畴，它不同于常识，常识往往是感觉经验认识的产物，它不具有普遍性，但知识则必须以感觉经验认识为基础，它是思维活动的产物。专业伦理知识具有理论性的特点，是具备普遍性和系统性的原理或者原则。专业伦理教育的现实意义就是要履行大学的职责。在讲授专业伦理课程时，课程的设计要重视个案教学法的运用，鼓励受教育者灵活应用已有的知识经验，参与集体讨论，面对问题时有自己的见解，并善于倾听其他同学的看法和建议。[①]此外，还要引导大学生通过集思广益的思考，归纳出解决问题的方法。因此专业伦理教育的现实意义也具有一般教育的特征。

四、人文教育与科学教育相结合

素质教育作为一种较为先进的教育理念，应该将人文教育和科学教育结合起来。培养高素质的人才，往往要将人文素养与科学素养的培养有机地结合在一起。我国的高等教育存在着专业面狭窄、人文教育薄弱的现状，要全面进行素质教育，有必要将人文教育与科学教育相结合。

五、文化素质教育与思想政治教育相结合

人才素质是指人们在先天生理的基础上，经过后天学习和社会实践形成的基本稳定的生理特点和思想行为以及潜在能力的总称。它主要分为文化素质、思想道德素质、业务素质和身心素质四个部分。而思想道德素质是文化素质的基础，是根本和灵魂。

六、文化素质教育与教师文化素养的提升相结合

教师在学校人才培养的过程中占据着重要的地位，教师文化素养的提升是全面推进素质教育与文化素质教育的一部分。一所学校文化素质教育工作也离不开

---

①冉小峰，施锦丽.深化高等教育改革创新人才培养［M］.北京：旅游教育出版社，
2021：72—73.

教师对素质教育理念的掌握。我国高校师资队伍原本就存在着一些缺陷：高中阶段的文理分科，导致人才思维方式的禁锢，综合素质偏低；高等学校里学科的设置较为单一、专业范围有限，进而影响到几代受教育者的思维方式与知识结构组成；重理轻文的现象导致教师们在教学工作中将人文教育与科学教育分割开来。因此，提升教师队伍的文化素养是加强素质教育的重要保障。

七、不能忽视文化素质教育的基础作用

素质教育是指一种以提高受教育者诸方面素质为目标的教育模式。它重视人的思想道德素质、能力培养、个性发展、身体健康和心理健康教育。对于个人来说，没有文化素质做基础，他的思想政治素质就没有了支撑。而对于高等学校人才培养的工作来说，如果只是对学生灌输思想政治理念，也不能发挥应有的作用。[1]与此类似，如果没有思想政治教育，文化素质教育也就失去了方向。进行文化素质教育并不是用其替代思想政治教育，而应将它作为提高思想政治素养的基础。事实证明，做好文化素质教育工作，就能使思想政治教育更为贴近生活和现实。值得注意的是，素质教育工作的推行也不能偏离正确的政治方向与价值取向。

第二节　人文与科学教育并重

我们一般认为人文关怀起源于西方的人文主义传统，其核心在于肯定人性和人的价值，要求人的个性解放和自由平等，关怀人的精神生活，尊重人的理性思考等。

一、注重人文关怀培养人文精神

在思想政治工作的视野中，人文关怀指的是尊重人的主体地位和个性差异，关心丰富多样的个体需求，激发人的主动性、积极性、创造性，促进人的自由全面发展。[2]

具体来说，人文关怀包括层层递进的几层含义：

（1）承认人不仅作为一种物质生命的存在，更是一种精神、文化的存在。

（2）承认人无论是在推动社会发展还是实现自身发展方面都居于核心地位或

---

①冉小峰，施锦丽.深化高等教育改革创新人才培养［M］.北京：旅游教育出版社，2021：26—27.

②阮青松主编；唐伟，佟爱琴副主编.高校一流人才培养教育教学改革研究［M］.上海同济大学出版社，2020：45—47.

支配地位。

（3）承认人的价值，追求人的社会价值和个体价值的统一、作为手段和目的的统一。

（4）尊重人的主体性。人不仅是物质生活的主体，也是政治生活、精神生活乃至整个社会生活的主体，因而也是改善人的生活、提高人的生活品质的主体。

（5）关心人的多方面、多层次的需要。不仅要关心物质层面的需要，更关心人精神文化层面的需要；不仅创造条件满足人的生存需要、享受需要，更要着力于人的自我发展、自我完善需要的满足。

（6）促进人的自由全面发展。人的全面发展应当是自由、积极、主动地发展，而不是由外力强制的发展；是各方面素质都得到较好的发展或达到一定水平的发展；是在承认人的差异性、特殊性基础上的全面发展，是与个性发展相辅相成的全面发展。[1]

二、培养人文精神

在大学教育中更要注重人文关怀，关注每一位学生的情况，发掘适合每一个学生的教育方式，关注每一位学生的生活质量，重点培养学生的人文精神，启发学生用积极进取的精神吸取人类文明的精华。在这样的条件下，学生能更好地体会到人类生活的美好，能对人类的生活有着客观的评价，能自觉对人类命运进行思考。大学教育更为注重人文关怀，不仅关注每一位学生，也关注学生与周围人的关系。大学教育注重人文关怀的本质是关注人，这是学校教育工作所追求的最高境界。

不可忽视的是，科学技术的发展确实使物质生产快速增长，使人们的生活方式发生了根本性的变化。但经济发展水平的快速提高也带来了弊端，给人们的价值观念、思想意识以及人文精神带来了一定的影响。对人文精神的忽视，造成了人与自然的异化。人们经不住利益的诱惑，肆意破坏大自然，不能从长远考虑，意识不到自然环境对人类发展的重大意义。现如今，世界各国综合国力的竞争，已不仅仅体现在经济发展水平和科学技术上，更体现在文化的竞争上。文化软实力的地位和作用更加突出，各种思想和文化相互激荡，围绕增强国际话语权的较量更加激烈。文化越来越成为民族凝聚力和创造力的重要源泉，越来越成为综合国力竞争的重要因素。随着世界多极化、经济全球化和国际社会信息化趋势的深

---

①阮青松主编；唐伟，佟爱琴副主编.高校一流人才培养教育教学改革研究［M］.上海：上海同济大学出版社，2020：94—95.

人发展，以及科学技术的突飞猛进，文化与经济、政治交融程度的不断加深，经济的文化含量越来越提高，文化的经济功能越来越增强。谁占据了文化发展的制高点，谁拥有了强大的文化软实力，谁就能够更好地在激烈的国际竞争中掌握主动权。

三、注重以人为本体现人文关怀

现代教育要以人为本，体现人文关怀。不单单要注重人性的实现与回归，要将大学生看作是有思想、有丰富情感的人，明确大学生是具有自主性、能动性的人，是具有发展潜能的人，能够尽力发挥教育的作用。

四、注重人文精神和科学素养培养相结合

科学是指发现、积累并公认的普遍真理或普遍定理的运用，是已系统化和公式化了的知识。科学包含自然、社会、思维等领域，如物理学、生物学和社会学。达尔文曾给科学下过一个定义："科学就是整理事实，从中发现规律，做出结论。"达尔文的定义指出了科学的内涵，即事实与规律。科学要发现人所未知的事实，并以此为依据，实事求是，而不是脱离现实的纯思维的空想。科学是建立在实践基础上，经过实践检验和严密逻辑论证的，关于客观世界各种事物的本质及运动规律的知识体系。科学的特性是不断追求进步。在现实生活中，科学的内涵越来越宽泛，不仅包含已经获得的知识，而且成为一个日渐广义的概念。广义科学是建立在比传统科学更广泛的定义空间的科学体系，是将传统的实验科学的外延从三维空间拓展到 N 维空间的理论体系。它包括一切应用科学和技术知识的源泉。在广义的内涵下，科学研究和人类自身的命运、社会治理更紧密地连接在了一起。在自然科学逐渐占据主导地位的今天，人类不管从事什么职业，都应同时具备人文和自然科学方面的知识。因此，培养全面发展的大学生，就要促使人文关怀与科学教育有机融合。在现代教育中，科学与人文结合的根本在于高校教育模式的改变，也就是说，使文科生增强对科学技术的理解，拥有双重智慧，使理科生加强对人文学科的学习。[①]

---

①阮青松主编；唐伟，佟爱琴副主编.高校一流人才培养教育教学改革研究［M］.上海：上海同济大学出版社，2020：72—73.

第四节　全面质量管理与人才培养的意义

教育质量是高校可持续发展的"生命线"已经成为不争的事实。高校打破传统的管理理念，运用全面质量管理的理论，构建并实施质量评价和监控体系，对于全面提高教育质量，提升真正意义上的现代大学品质，培养实用型人才具有一定的理论价值和实践意义。

一、理论意义

全面质量管理理念毕竟源于工业企业管理，对于高校而言，引入这些管理理论必有其局限性。

（一）高校引入企业全面质量管理理念的艰苦性

首先，关于质量目标的确立，需要制定统一的标准和规范。一般的企业可以将产出和利润作为整合目标以及评估目标达成状况的主要依据，但高校教育所培养出的人才本身是一种无形的资源，如何整合到一个统一的目标体系下，是一个难以解决的关键问题。如果仅仅使用优秀率、毕业生合格率、操行合格率、重修率等几个指标是远远不够的，尤其是对综合能力的测评，没有一个固定的标准。对处于快速发展中的高校来说，如何根据高校自身发展的客观规律确立较为规范的目标，确实存在一定的困难。这是因为，与其他种类的管理相比，教育教学管理具有自身的独特性：高校目标不够明确，难以衡量高校教育组织的目标是否完成；学生是教育的核心这一特性使教育管理更具模糊性；教师和学生之间的关系与其他专业人员和工作对象之间的关系存在着差异。[①]

其次，在以顾客为核心、寻求消费者满意方面，高校面对的顾客是复杂的，不是单一的。如何全面而准确地了解各方面的需求，采取何种措施来满足需求，如何对待需求已经满足而仍不满意的情况，如何正确处理个体满意与多方满意、即时满意与长远满意的关系，这些都是要思考的问题。因此，理念上的具体操作实非易事，寻求完善的机制对高校来说是相当重要的。

再次，高校性质与企业的性质有着根本区别。第一，企业生产出的主要是物，而高校生产出的是人，物的生产方式和人的生产方式是不同的。高校通过提供特殊的人才产品为社会服务只是它的外在属性，教育的本质属性是培养人的社会文

---

①冉小峰，施锦丽.深化高等教育改革创新人才培养［M］.北京：旅游教育出版社，2021：38—39.

化活动，而不是物质生产活动，它的最终目的是推进人类文明社会的延续和发展。"以人为本"是教育价值的核心，高校教育的质量是由内在的教育性质量以及外在的工具性质量组成。因此，与企业相比，高校确定质量标准的过程更为复杂。高校通常具有市场导向和职业导向，尤其关注社会、评审用人单位的需求以及顾客的感受，在这样的背景下开展生源预测、人才市场调查、毕业生跟踪调查、顾客满意度调查等活动，更增添了教学管理的难度。在具体的推行过程中，如何联系实际适当变通，避免忽视"人本"现象的发生是值得认真考虑的。

所有这些问题，高校都必须端正态度，认真对待，并加以探索，追求过程的不断完善。

任何管理模式的推行都不是一朝一夕的事情，没有不断探索的品质，就不会有完善的理论和实践。质疑是必不可少的，但不断冒险、大胆创新也是不可或缺的。在当下，高校领域亟须理性地引入全新的管理理念，为学校的发展注入新的生机。

（二）高校实施全面质量管理创新模式的必然性

随着时代的快速发展，高校面临的激烈竞争环境与实际困难、消费者需求的改变、管理过程本身的复杂性等多重因素都使高校实施全面质量管理创新成为必然，因而迫切要求形成一套科学有效的质量管理理论来指导高校的教学管理，以适应市场环境的千变万化，达到更迅速、更有效地响应以及满足消费者的个性化需求这一最终目的。传统高校的管理理论由于受其条件的制约，不能在新形势下为高校提供一整套科学有效的管理模式以指导教学实践。但高校全面质量管理理论提出了很好的解决方案，以更好地解决此类问题。

针对高校全面质量管理这一课题的研究理论，国内外学者的研究视角及其认识产生了不同的观点和分歧。

第一种观点认为，引入高等教育领域的全面质量管理属于教育组织的范畴，它以保证和提高教育质量以及受教育者质量为核心，以该组织内的全员参与为基础，各个部门同心协力，综合运用专业知识、各项管理技术与科学方法，在充分满足学生及社会要求的条件下，进行社会人才需求的研究活动、人才规格模式的策划，全面实施素质教育，向社会推广具有特色的人才产品，并力图使这一过程步入良性循环，达到教育质量持续提高的目的。这一理念借鉴了美国高等教育管理中全面质量管理的经验和启示，提出了建立我国高校全面质量管理体系的具体方法，比如：转变教育管理观念；提高全体成员的认识；构建质量信息管理系统；开展质量管理小组活动；确立质量管理的总体目标。

第二种观点探讨了在高校进行全面质量管理的必要性以及可行性。从适应社会发展、保证高校教育质量的迫切需求、提高高等学校管理水平与办学效益的内在要求等角度，分别论述了在我国高校引入全面质量管理的必要性。又从几个方面阐述了在高校实施全面质量管理的可行性：不论是制造业、服务业，还是盈利部门，只要是在需要采纳和运用有限资源满足消费者需求的行业内，全面质量管理的理念或者方法都具有普遍性；在社会主义市场经济条件下，企业的经营行为和高校的办学具备许多共性，高校教育的产业性已经越来越突出；全面质量管理在国内已经具有相应的实践基础，国内部分高校也已引入全面质量管理的理念，并通过了质量管理认证，高校的各项工作呈现出规范化和程序化，推动了教育质量以及高校管理水平的逐步提高。这些都为我国高校进一步实施全面质量管理提供了丰富的经验。

第三种观点认为，高校实施质量管理体系是一项系统性的工程，需要对高校的管理体制进行变革。对旧有的管理模式进行变革就意味着一场深层次的革命即将开始，也意味着思想意识、行为方式、管理模式的重新确立。如果仅仅是在原有模式的基础上添加一些新的做法，不能从根本上解决问题，也无法达到最终的目的。因此，全体成员除了学习全面质量管理理念外，还要引入市场竞争机制，重新构建高校的管理体系，将管理模式转变为以质量为中心的学术管理模式，建立起以质量和效益为基础的现代高校管理制度，这样，全面质量管理模式才能广泛推行。第四种观点在研究高校的全面质量管理时，从消费者的角度出发，提出了一套管理思想和切实可行的管理办法，也就是按照供求关系处理个人与他人、个人与社会的关系。受教育者、家长、政府以及教育行政部门是高校教育的直接或者间接接受者，都是高校外部受到高校影响的个体、群体或者组织，属于高校的外部顾客。其中，学生是沟通学校和外部顾客的桥梁，而高校教师与教学辅助人员则处在教学工作一线，直接面对受教育者。因此，学生、教师以及高校教辅人员是学校重要的外部顾客。外部顾客的具体内涵不仅让高校明确了顾客的对象，也为高校管理者提供了一种处理组织与外部关系的有效方法，也就是为顾客服务，让顾客满意，并凭借让顾客满意实现高校及其成员的长足发展。内部顾客的深层含义在于高校内部也有供求关系的具体体现，拓宽了认识和处理高校内部人员和部门间关系的视角。高校内部的部门以及个人依据供求关系来调整和处理自己的地位以及与其他部门及个人之间的关系，进行换位思考，替他人着想，主动帮助工作伙伴与合作者，建立和谐有序的工作秩序，提升工作效率，这都有利于提高教育教学的质量与学校的管理水平。

（三）建立全面质量管理体系的意义

由此可见，众多学者和专家在将全面质量管理引入高校管理方面已开展了许多有益的探索和尝试。这些研究都存在一个问题，即对构建我国高校全面质量管理体系的问题研究不够深入。国内也很少有学者在这方面提出系统而完整的实施模式。这些理论虽然详尽地提出了全面质量管理的办法，但并没有提出高校全面质量管理的模式，没有形成一个可以用来学习与操作的模式，也就不能够指导高校的全面质量管理，使学校的质量管理水平快速提升。因此，对全面质量管理与高校人才培养理论的探讨是有价值的，尤其是深入研究全面质量管理体系的建立，对高校人才培养工作的实施具有重大的意义。

（1）教育属于服务性行业中的一种，高校提供的也是一种服务

服务指的是为他人做事，不以实物形式而通过提供劳动的形式以满足他人的某种特殊需要，并使他人从中获得益处的一种有偿或者无偿的活动。服务具有的特性主要有：服务的提供必须符合实际的需求；服务并不是有形的，它关注的更多的是过程而不是结果；服务不可能也不能脱离服务者和被服务者而存在；高级职员通常不直接面对消费者，服务的提供者往往是服务机构中的中低层职员，高级职员一般以正面引导等途径将自己的标准观与服务观传达给全部员工；服务的结果很难检测，消费者的满意程度可以作为评测标准。

对照服务的特性，我们就可以将教育列入服务性行业的范围内。第一，教师和学生共同组成了教育活动中的两个重要因素，两者不可能脱离对方而单独存在；第二，因为教育是无形的，它更注重教育过程的关键作用，而不仅仅是看重结果；第三，教育必须要符合学生的需求；第四，高校中的任课教师一般为直接教育者，高校的领导人员不直接与受教育者接触，他们的主要任务是采取正面引导等方法将其标准观和价值观传达给学生；第五，教育的结果难以准确地检测，其能满足社会需求的程度以及受教育者、家长的满意程度是可借鉴的评测标准。

（2）以消费者为中心

由于教育是一种服务性产业，学校提供的是服务，因此我们要关注高校中的消费者。英国学者将学校的消费者划分为三个层面：一级消费者、二级消费者、三级消费者。一级消费者指的是直接接受高校教育服务的学习者，二级消费者是学生家长、教育人员以及给予学生资助的雇主，三级消费者指的是将来的雇主、政府以及社会。这三种消费者都属于学校教育的外部消费者。我们应当意识到，学校中的每个成员都在为其同事服务，学校中的所有职员都属于学校的内部消费者。外部消费者需要得到满足的有效保障是内部消费者之间的紧密联系。

以消费者为中心作为学校实施全面质量管理的指导思想，转变了高校的传统惯例以及传统的管理体制模式，强调重视消费者的利益，将消费者放在了整个高校管理体系中最重要的位置。任课教师能够与消费者直接接触，并负责教学质量的改进与提高，高校领导通过全面了解消费者的实际情况与问题，虚心听取广大教师的意见，结合实际需要为他们提供培训、指点、辅导、教育、咨询和激励，

全力支持教师的工作。

二、实践意义

在高校的教学管理中推行全面质量管理的实质是要以质量为中心，以全过程管理、全员参与管理、全面控制为前提，用最小的教育投入获得最大的效益，不断满足社会、家长以及学生的需求。通过采取预防的办法，对教育工作的每一环节都进行事前管理，充分施展每一环节的最佳状态，促进教育质量的提升。因而，在高校推行全面质量管理，借助事前的控制和管理，不仅能够减少资源的浪费，降低办学成本，而且对于社会、学校还有学生本身都有较大的益处。高校推行全面质量管理的实践意义在于：

（1）推引全面质量管理有利于推动高校领导从质量战略的角度出发来考虑高校的全局发展

全面质量管理的思想是在学习国外的全面质量控制思想的基础上逐渐发展并完善的，质量观的不同是最根本的差别。全面质量管理理念要求高校领导者在制定提升高校教学质量的策略时，要具备战略眼光，从长远和整体的角度出发，不能单纯为了解决问题而采取短期有效但缺乏长效机制的方案。因此，全面质量管理不仅是一种质量管理的方法和体系，它还是高校组织运行的一种经营战略，其思想还包含战略的因素。有学者将全面质量管理视作一种战略武器，还有学者将它称为战略质量管理。倘若能在高校中推行全面质量管理，能够促使高校管理者立足于更高的层次重新审视高校的教育质量，转变自己的领导方式，由守业型领导转变为开拓型领导，在把握好已经开发领域的同时，敢于放弃陈旧的项目和领域，主动开辟新项目和新领域，那将有利于高校教育教学质量的快速提升。

（2）推引全面质量管理有利于构筑和塑造适于高校组织发展的组织文化

全面质量管理思想与传统的质量管理的另一主要区别在于前者更关注学校组织文化的构筑。组织文化即企业文化，是企业为解决生存与发展的问题而树立并形成的，被组织成员认为有效而自觉共享，并且共同遵守的基本信念和认知。它集中体现了一个企业经营管理的核心主张，以及由此产生的组织行为。所谓的高校组织文化具体是指高校在其长期活动中所沉淀和积累下来，并被高校全体成员共同认同以及遵守的价值观念与行为方式的总和。全面质量管理强调以"质量第一"的核心观念来进行高校组织文化的构建，也就意味着高校要通过构建起优秀的组织文化，为高校的生存以及教学质量的不断改进奠定坚实的基础。

（3）推行全面质量管理有利于推动高校进行全员管理

衡量高校办学水平的高低一般以教育质量为基准，教育质量能综合反映整个学校的工作业绩，教育质量既是教师教授以及学生学习的成果，也受教学相关部门、人才培养各个环节的影响。高校在实施全面质量管理的进程中，要使每个人都积极参与到管理工作中去，组建合作团队。唯有充分调动每一个成员的主动性和积极性，发挥他们的作用，才能实现人人关心质量，人人做好自己的本职工作，从而促进教育质量的不断提升。

高校教育中的全面质量管理的组成成员可以分为三类：第一类是高校领导。高校领导作为高校的最高管理者，能够直接决定高校的发展方向。因此，高校领导要充分调动全体教职员工的积极性，关注他们在管理中的巨大作用，努力为全体教职员工营造一个能充分发挥主观能动性的良好工作环境。第二类是高校的教职员工。高校内的所有成员都是学校的主体，教职工要具备强烈的质量意识、敬业精神以及高度的责任感，这样才能真正发挥其在全面质量管理中的关键作用。全体教职员工参与全面质量管理的重要途径就是实行团队协作。如果没有工作团队，各式各样的全面质量管理的工作过程与管理技术都无法实现。这些过程与技术都需要较高水平的沟通、交流、响应、接受、协调安排。而它们需要的环境和条件，唯有优秀的工作团队才能提供。第三类是社会消费者。高校的社会消费者主要包括：学生的来源供应方，例如家庭和企业、政府、中学等。这些社会上的消费者所提供的物质帮助、精神以及社会的支持，如他们所提供的产品和服务的质量，对高校的正常运作以及工作效率都会产生较大的影响。为此，高校领导要认真处理和社会消费者之间的关系，主动倾听他们的意见和建议，及时了解他们的需求，鼓励他们参与高校的质量管理工作，积极发挥他们在高校全面质量管理中的关键力量。

（4）推进全面质量管理有利于从多个层面考核学生的实践能力实践教学考核的标准大致有两个方面：教学标准和职业资格标准。教学标准主要是来自高校内部的标准，如主观性、模拟性以及教学因素。职业资格标准主要来自社会和企业方面，如客观性、真实性以及社会公共因素等。构建多元化的高校实践教学考核内容应与全面质量管理的理念和要求相符合，应将综合素质的考核、基本能力的考核以及专项技能的考核相互融合在考核内容中。

（一）学生综合素质的考核

综合素质的基础是基本技能以及专业技能，基本技能与专业技能的有机结合。为此，综合素质大致应该突出两个重点，才能完全体现出全面质量管理的基本思路，要重点对问题的解决能力、交流能力以及创新能力的考核进行关注。因此，要全力打造一些具有实践性的工作环境，为高校学生提供足够的虚拟工作空间，让他们综合专业技能以及基本技能解决问题，并将不同的方法进行比较。学生要学会对自己的综合素质进行反思，重视对职业素养的考核，因此有必要创造相关的情境，重点考察学生的职业态度和职业综合素质，以便考察学生的职业素养，还可以着重考查学生劳动纪律、劳动规范的遵守情况等。

（二）学生基本能力的考核

在传统的高校教学质量的管理过程中，对学生基本技能的重视程度不够。这与高校对学生基本技能的关注程度有关，不少高校认为基本技能不能够体现学生的职业特点，便不将其纳入实践教学的考核范围内。事实上，教学实践中专业能力的掌握情况和基本技能的水平存在一定的关联。在全面质量管理的背景下，对学生进行基本能力的考核要注意：基本能力的考核标准不一定要特别详尽，例如，要考核一个学生群体的团队合作精神与能力、人际交往能力等，不一定非要制定一个统一的标准，教师与指导人员应根据学生在实践过程中的具体表现进行大致判断；对基本能力的考核不一定要单独进行，也可以和其他考核一起进行，在考察的过程中判断其基本能力；由于基本能力的表现通常具有多种不确定因素，因此应在某一特定情境下进行基本能力的考核，例如学生的团队合作能力、人际交往能力往往与实践的具体情境有关联，倘若由学生单独完成某项具体的任务，就难以考核这些能力。

（三）学生专业技能的考核

专业技能的考核主要是检查学生在教学实践过程中对专业基础知识以及专业操作的掌握情况。整体看来，对这方面的考核要体现全面质量管理的相关理念，并能够分清考核的重点。专业不同的学生考核重点也不相同，因此要依据专业特点来进行判断，例如考核物流专业的学生，主要是考核他们能否正确运用所学知识进行物流管理中的各项操作，再如考核酒店管理专业的学生，专业技能考核主要是观察他们能否运用专业知识解决各种实际问题。可知对这两个专业考核的侧重点不同，前者重在操作能力的考核，后者重在心智技能的考核。也有一些考核兼顾心智技能和操作技能的考核，比如物业管理专业的考核。因此，我们要灵活运用多种评价手段。对于偏重实际操作的专业要运用过程性评价，这样有利于及时发现学生在操作过程中出现的问题并予以纠正，在实施过程中要重视操作者的自我反思和自我更正。因此，学生的自我评价就显得非常重要。同时，由于还要对学生是否能够达标进行考核，因此综合采用多种评价手段，形成完备的专业技能考核体系就越发显得重要。对高校教学的考核方式是多样的，不存在一种万能的考核方式能够适用于所有专业。高校要尽量采用不同的考核方式，取长补短，查漏补缺，全面考核学生的各项技能水平，并进行及时地反馈，为学生的进步提供帮助。[1]

---

① 班秀萍，叶云龙.全面质量管理与高校人才培养［M］.长春：东北师范大学出版社，2017：55—56.

第八章　创新思维教育教学管理的发展

第一节　教育教学管理创新的方法与思路

一、教育教学管理创新的方法

高等教育教学方法创新路径是高等教育教学方法创新活动中重要的实践要素。对这个问题的研究，既可以是对过去或现存状态的追寻或总结，也可以是对未来教学方法创新的价值建构。教学方法的工具理性决定了它没有意识形态的栓结，无论是过去已经存在的教学方法创新方法还是未来需要着力改进的新的创新方法，无论是各种自创的创新方法还是学习借鉴而来的教学方法，都值得推崇，但都要客观地分析教学方法具有人文环境的适应性和技术支撑条件的差异性，不能盲目。

高等教育教学方法创新的基本路径构建，科学性和新奇性是两个基本判据。教学方法的内在规定性是"价值实现"和"感受共存"，这对教学方法创新实践同样具有理论指导意义，"价值"是科学性创新路径的规定，"感受"是新奇性创新路径的规定。无论是自创或借鉴的已经存在的教学方法，其本身的价值或科学性一般不存在怀疑，那么作为"感受"所必需的新奇性要加以重视。

高等教育教学方法创新策略，必须提示以下几点。

（一）组合法

无论是在自然界和人类社会，组合创新非常普遍。就教学方法而言，就是两种或两种以上的方法或方法理论的一部分或全部进行适当叠加和组合，形成新的教学方法。组合法是创新原理之一，也符合教学方法创新实践。爱因斯坦曾说："组合作用似乎是创造性思维的本质特征。"组合创新的概率与空间是无穷的。

（二）分离法

分离原理是把某一创新对象进行科学的分解和离散，使主要问题从复杂现象中暴露出来，从而理清创造者的思路，便于抓住主要矛盾。分离原理在创新过程中，提倡将事物打破并分解，它鼓励人们在发明创造过程中，冲破事物原有面貌的限制，将研究对象予以分离，创造出全新的概念和全新的产品。教学方法创新的分离法，就是把过去或原有的司空见惯的方法加以分解，按照一定逻辑关系进行整理，然后突出某一部分甚至将其扩充放大，成为一种等同甚至超越于原来方法作用的新方法。

（三）还原法

还原实际就是要避开现行的世俗规则，即将所谓"合理"的事物设定为"非"，而将事物的原状设定为"是"，就是要善于透过现象看本质，在创新过程中能回到对象的起点，抓住问题的原点，将最主要的功能抽取出来并集中精力研究其实现的手段和方法，以取得创新的最佳成果。教学方法创新与其他任何创新一样，都有其创新原点，寻根溯源找到创新原点，再从创新原点出发去寻找各种解决问题的途径，用新的思想、新的技术、新的手段重新构造方法，从本原上解决问题，这就是还原创新方法的精髓所在。

（四）移植法

创新理论认为，移植法是把一个研究对象的概念、原理和方法运用于另一个研究对象并取得创新成果的创新原理。"他山之石，可以攻玉"，移植法的实质是借用已有的创新成果进行创新目标的再创造。教学方法创新活动中的移植法，可以采取同一学科领域的"纵向移植"（我国高等教育教学方法的通用手法是非理性的"下位"的基础教育教学方法"上移"，而当前基础教育教学创新中则采取了诸如研究法、实验法等更多"上位"方法"下移"），也可以采取不同学科领域、不同地域的"横向移植"，还可以采取多学科领域、多地域教学方法的理念、思维和方法等综合引入的"综合移植"。移植能够取得新的成果，在教学方法方面，移植也符合"感受共存"中的新奇性标准：没尝试过的就是新奇的。所以，在教学方法问题上，美国的许多常规方法引入到我国来，就是创新，就能够产生新的效果，而我国的传统教学方法，传播到美国去，也会产生意想不到的效果。

（五）逆反法

逆向思维是一种重要的创新方法，逆反法要求人们敢于并善于打破头脑中常规思维模式的束缚，对已有的理论方法、科学技术、产品实物持怀疑态度，从相反的思维方向去分析、去思索，去探求新的发明创造。实际上，任何事物都有着正反两个方面，这两个方面同时相互依存于一个共同体中。人们在认识事物的过程中，习惯于从显而易见的正面去考虑问题，因而阻塞了自己的思路。如果能有意识、有目的地与传统思维方法"背道而驰"，往往能得到极好的创新成果。教学方法中有一种备受推崇的"深入浅出"方法，其实，从逆反法的角度分析，高等教育教学中的很多课程内容可能并不适合"深入浅出"，而更需要"浅入深出"才能达到引人入胜。

（六）强化法

强化是一般创新方法之一，它是基于科学分析研判基础上的一种"包装术"，即合理策划。强化法主要对原本一般的方法通过各种强化手段进行精炼、压缩或聚焦、放大，以获得强烈的创新效果，给人以感觉冲击。分析国家级"教学名师"们的教学方法，很多都是采用强化法，把普通的教学方法"概念化"，或者按照分离法原则把一个普通方法的局部元素加以剥离、充实，并开发到极致、应用到极致，并打上首创者的名号。这样获得的教学方法不仅是"新"的，也是"强"的。

（七）合作法

高等教育教学活动是典型的深度合作活动。这种认识长期没有得到推广，以至于教学方法的单边主义长期盘桓，根深蒂固。创新现行屡遭诟病的教学方法，推进高等教育教学方法创新，思路之一就是应该从教学活动本源入手。有学者分析"对话教学法"是以师生平等为基础，以学生自主研究为特征的典型的合作创新方法，并由此推演出"以教师为中心""以学生为中心""师生关系平等"和"突出问题焦点"的四种对话教学模式。其实，不惟对话教学法是合作创新的范例，任何教学方法的创新，从创新主体而言，合作的路径是无限宽广的。因为，科学的发展使创新越来越需要发挥群体智慧才能有所建树。早期的创新多依靠个人智慧和知识来完成，但像人造卫星、宇宙飞船、空间试验室和海底实验室等，需要创造者们能够摆脱狭窄的专业知识范围的束缚，依靠群体智慧的力量、依靠科学技术的交叉渗透。

二、教育教学管理创新的思路

（一）更新教学理念

更新教育思想，确立实践教育教学理念。实践，是指将高等教育教学内容中的自然科学知识、人文知识、德育等各种理论知识教育，通过具体的系统实践来消化、固化、融合、升华。在实践中统一科学教育与人文教育，把实践育人贯穿于人才培养的全过程，培养学生的实践能力和创新精神，提升个人人文素质和科学素质，达到完全与社会实际需要相符合。高校在校园文化建设中要建立一种新的激励机制，带动学生积极展开创新创业活动，并给予大力支持，全面推进实践教育。

树立以生为本的教学理念。就是在教育教学中要体现出对学生主体地位的充分理解和尊重，对学生潜能的充分诱导和挖掘，对学生人格的充分培养和塑造，把学生的个人意愿、社会的人才需求、学校的积极引导有机结合起来，使学生在知识、能力、思想道德、身心健康等各方面得到均衡、全面的发展，从而促进学生成长成才。这一教学理念要充分贯彻体现到高校的所有教学环节之中的各个方面。在教学模式上，要对原有的缺乏弹性的、学生被动接受的没有选择余地的教学模式进行创新，实施弹性教学计划，建立学分制、主辅修制，让学生有一定的选择权和支配权，可以自由支配属于自己的时间和空间，着力于学生创新能力和实践能力的培养；在教学目的上，要"一切为了学生，为了学生的一切，为了一切学生"。在教学方法上，要大力提倡"以学生为主体、教师为主导"的互动式教学方法，鼓励进行问题式、案例式、讨论式、情境式教学法，开展"启发、互动、探究式"的课堂教学实践，采取一系列措施，使教师由传统式知识传授型教学向现代式研究型教学转变，引导学生由被动接受型学习向研究性学习转变。①

在教学组织的具体实施方面，应采取灵活多样的教学组织形式，而对目前过于刻板的传统教学方式进行创新，充分发挥学生的个性，对学生进行激发和引导，使学生经过探索研究而学会自主学习，使教学方式以传授知识向培养学生认知能力和全面素质转变。转变以教师、课堂、书本为中心的教学局面，进行师生互动，展开专题讨论，鼓励自主探索与合作的学习方式，培养学生的探索精神与批判性思维；重视教学的创新性和学生个体间的差别指导，让学生在与教师的朝夕相处中耳濡目染，接受熏陶；以学生亲自动手实践为主，采取提供实践平台、鼓励学生积极参与科学研究实践课程创新的手段，增强教学活力，培养学生获取新知识、分析和解决问题、交流与合作的能力。

构建高等教育教学质量保证体系，因材施教，树立以生为本的教学理念。因材施教，就是根据不同学生的个性特点来进行不同的教育活动，通过对差异性的辨析制定出适合其特点的教学计划。教育公平的实质也不是使每一个学生都要获得同样的教育，而是使每个学生都获得"适合"自身的教育，这就是教育公平的"适合性"原则。我们要充分认识到学生是教育活动的主体，学生是发展的独立的人，每个学生都有自己独特的个性，我们要做到在制定教学目标、教学模式、教

① 冉启兰著.教育管理理念与思维创新［M］.长春：吉林出版集团股份有限公司，2020：77—79.

学内容以及教学方法等教学活动方面要坚持以生为本的教学理念，尊重学生的主体地位，充分挖掘学生的潜能，使学生的个性得到充分发展，塑造学生的健全人格，促进学生的全面发展，促进教育公平的实现。

高等教育教学的质量直接影响着人的全面发展，最终影响经济社会的发展，我们要依据相应的政策法规建立高等教育教学质量保证体系，规范学科专业建设，避免重复建设和教育资源浪费，构建独立的有权威性的高等教育教学质量评估机构，加强对高等教育教学质量的监督，完善高等教育教学评估政策，充分发挥社会的监督作用，对高等教育教学质量进行监督。

总而言之，追求高等教育教学公平是促进高等教育公平的核心所在，也是促进高等教育创新发展的不懈动力，我们必须坚持科学发展观，继续深化高等教育教学创新，优化高等教育结构，不断提高高等教育教学质量，实现人的全面发展，最终促进高等教育公平的实现。

（二）办学特色

1.办学特色的内涵

特色应当对于优化人才培养过程，提高教学质量作用大，效果显著。特色有一定稳定性并在社会上有一定影响、得到公认。特色可体现在不同方面：如治学方略、办学观念、办学思路；科学先进的教学管理制度、运行机制；教育模式、人才特点；课程体系、教学方法以及解决教改中的重点问题等方面。高校办学特色就是一所大学在长期办学过程中形成的本校特有的和已经被社会认可了的在某些学科领域方面优于其他学校的独特创新风貌和具有可持续的发展方式，具有稳定性、认同性、创新性、独特性、标志性。高校办学特色的内容主要包括学科特色、科研特色、人才培养特色、校园文化特色这四个方面。

2.办学特色的形成

第一，教育教学创新，培育办学特色。一所有特色的高校必定拥有自己独特的教育思想和教育教学，这种教育思想和教育教学能够在特定时空环境指导着高校在办学发展的过程中的办学思想和办学理念，并能适应时代和社会对教育和人才培养的要求，符合教育思想和教育教学的创新要求，符合教育创新发展和社会进步的一般规律，能够促进教育发展方向、人的全面发展及人才培养过程的优化。教育教学的创新必将带来教育思想的转变，先进的教育思想必将促进先进办学思想的实践，包括新的办学目标、办学模式的重新定位标准，以及如何实现这一标准所采用的方法、途径以及对此办学实践效果的综合评价。

第二，构建学科特色，促进办学特色。学科特色建设是促进高校办学特色形成的关键所在。学科建设作为高校培育人才、科学研究和服务社会三大职能的具体承担者，它的建设和发展水平程度对高校的人才培养、科学研究、专业建设和师资队伍等方面的质量有着重要影响，对高校的办学特色的形成有着强有力的支撑作用，并决定着学校的服务能力和水平及办学层次的提高。学科特色是高校办学特色中的标志性特色，是构成高等教育核心竞争力的主要组成部分。

第三，发扬大学精神，形成办学特色。南京大学教授董健认为，大学之"大"，内涵应该是思想自由、学术自由；培养人完善人，不断提升人格和道德；独立于政治权力之外，追求学术真理，"大学精神"就是在大学里做学问的心理状态和文化立场。

大学精神是大学保持永久活力的源泉，是大学优良传统文化的结晶，是大学在长期教育实践中积淀下来的最具典型意义的精神象征，体现了大学所有的群体心理定式和精神状态，展现了大学的整体面貌、风格、水平、凝聚力、感召力、生命力，最终凝聚形成独有的办学特色。高校的办学理念以及办学实践应该有利于大学精神的形成和发展，并使之形成一种特色教育，经久不衰。

（三）推进师资队伍建设

逐步取消高校行政级别，精简高校管理机构，压缩行政费用开支，使教师真正在高校中处于主导地位，同时进行师资队伍建设。百年大计，教育为本；教育大计，教师为本。一所学校的办学理念、办学方针都需要依靠教师在教学过程中呈现出来，高校要依据自身的办学特色，造就一支具有足够知识储备、教学科研能力、创新意识和人格魅力的高素质教师队伍。把重点学科、特色学科带头人的培养作为学科建设的首要内容，加大对重点学科、特色学科带头人的引进力度，加快高层次创新人才培养，突出特色训练，形成明显的学科优势，促进学科发展，进一步提升在职教师的素质，提高高等教育教学质量。

1.优化高校师资队伍结构

高校师资队伍的结构内容主要包括教师的学历、职称、年龄这几个方面，它可以直观地反映出教师队伍的质量、能力和学术水平的一些基本情况。这些年来，虽然我国陆续实施了"高层次创造性人才工程""高校青年教师奖""骨干教师资助计划""硕士课程进修"等多项高级资质队伍建设工程，但高校教师队伍的总体结构还存在着不合理因素。因此，我们要加大对骨干教师和优秀学科带头人的引进力度，强化高层次带头人队伍建设。对于高职称的学科、学术带头人、紧缺专业人才要给予一定的政策倾斜，根据学科发展的目标，有目的地吸引高层次人才，以确保高校师资队伍的职称结构比例合理；还要通过有效措施引进高学历人才，提高师资队伍的学历层次。加强本校优秀人才的培养和吸纳来自不同地区和高校的人才，引进与培养相结合，推动人才与资源的有效整合，以利于各学科专业教师整体知识结构的优化，最终促进高校师资队伍结构的协调发展。

2.提高高校教师综合素质

高校师资队伍建设是高等教育教学创新发展的基石，它直接关系着高校教学质量的提高与否。高等教育的快速发展对高校教师的教育教学思想、知识结构、教学方法等综合素质提出了更高层次的要求，要求教师具有熟练应用现代信息技术和现代教育手段的能力，教学与科研的创新能力，理论联系实际的能力，将知识服务于社会的能力以及良好的社会交往能力，要建设这样一支学术过硬、综合素质较高的教师队伍，我国的高等教育师资队伍建设任重而道远。提高高校师资队伍的综合素质要把师德建设放在首位。师德建设是师资队伍建设的基础，不断加强师德建设，是全面贯彻党的教育方针政策的根本保证，是培养德才兼备的高素质的社会主义建设者和接班人的必然要求。在高校师资队伍建设中要遵循"以人为本"的原则，牢固树立"师德兴则教育兴、教育兴则民族兴"的爱国主义教育教学，要求教师不断更新观念，用现代教育思想充实自我、完善自我，推进高校师资队伍建设，建设一支为人师表、作风优良、爱岗敬业、治学严谨、教学科研能力强的与时俱进的高素质教师队伍。

提高高校师资队伍的综合素质要注重教师教学素质的培养。教学是培养人才的直接途径，也是高校的主要工作，教师是教学的实施主体，培养教师的教学科研能力是提高教师教学水平的主要途径。要改变过去的只注重学历的提高而忽视教育教学能力培养的状况，既要注重教师专业学术水平的提高，也要重视教师教学水平的提高，要求教师掌握教育教学理论、教学方法以及教学规律，增强教师提高教育教学水平的积极性和自觉性，还要加强教师对科研工作的重视，为教师提供进行科研创新的条件，提高高校师资队伍的科研能力，致力于学术大师和教学大师的培养，带动师资队伍整体水平的提高。

总之，我们要把高校师资队伍看作一个整体，通过多种方式培养高校师资队伍的现代教育教学，提高教师的专业理论学术水平、教育教学能力、科学研究能力以及科学文化素养，全面提升它的教育教学功能、团队协作功能、科研开发功能及社会服务功能，使其掌握先进的教学、科研方法，并具有崇尚科学、勇于创新的开拓精神，具有为高等教育事业不懈追求的精神，为高校培养一支具有良好的职业道德、较强的教学科研能力和充满活力的高素质师资队伍，促进高等教育教学质量和水平的提高，促进师资队伍建设的良性循环，促进我国高等教育教学创新，为高等教育创新的跨越式发展奠定基础。

（四）创新课程体系及教学内容

1.课程体系创新

首先要优化和调整学科专业课程结构，因材施教，分层次教学、分类别培养，同时进行主辅修、双学位、定向培养、中外合作办学等多样化的人才培养模式，在满足不同基础学生学习的需求和发展需要的同时也能促进人才培养质量的提升。在课程结构上，打破传统的单一课程结构类型，即分科课程、国家（或地方）课程、必修课程重新调整课程结构，优化课程体系。综合课程、必修课程和选修课程都要各自占有一定的比例，以"本科规格＋实践技能"为特征，重视学生的个别差异，坚持四个结合，即理论与实践、人文教育与专业课程教学、课内与课外、校内与校外相结合，构建一种合理的适合学生发展的课程体系，最终培养学生具备两个方面的素质－文化素质与创新素质，提高四个方面的技能－基本技能、通用技能、专业技能、综合技能。

在高校基础课程教育上，构建综合基础教育体系，所有学科专业都进行国防教育、人文教育、自然科学基础、德育实践等基础知识培训。要构建综合实践体系，搭建公共实践平台，包括专业实验、实习、设计，毕业设计（论文），德育实践，科技文化实践、创新实践等。还要构建学生实践能力考核体系，对学生的综合实践能力进行考核。进行"创新课程"研究，转变理论基础。创新课程所依据的理论基础由心理学扩展为社会学、经济学、文化学、政治学和生态学等更具包容性的学科领域。创新课程并不是以学科的方式向学生传授一整套如何创新的知识、方法和策略，也不是以学生获取学科知识为中心，而是以综合实践的方式为学生提供相对独立的、有计划的进行研究性学习、设计性学习、体验性学习、实践性学习、反思性学习和生活性学习的学习机会，让学生从自己的现实社会生活中自主选择研究课题并通过对开放性、社会性、综合性和实践性问题的探究，形成自己独特的学习方式，培养学生的创新精神、探究能力、开放性思维、社会实践能力和社会责任感。同时，创新课程也是一种创新性理念，指在一种课程开发与实施的过程中除了独立的综合实践课程之外，原有的所有课程科目在具体实践中都要设置一些必要的干扰性因素，并通过课程内容的复杂性、模糊性来增加课程的难度，以培养学生的探究能力。

2.教学内容创新

遵循"厚基础、宽口径、强能力"的复合型人才培养原则，重新规划和设计教学内容与课程体系。改变过去只在专业学科范围内设置专业课、专业基础课、基础课的"三级"课程编排方式，构建专业必修、专业选修、学科必修、公共必修、公共选修五大课程体系，对教学内容与课程体系进行重新规划和设计，按照学科专业普遍大类平行设计学科专业类课程、新公共基础课程、文化素质教育课程和实践性教学课程等较大教学课程内容体系，增加选修课，减少必修课，对公共课进行分级分类教学。

厚基础，就是使学生熟练地掌握各个学科专业的基础理论、基础知识、基本技能，并能扎实地运用到实践中去，确保学生的知识基础，强化学生基础知识体系，打造精品课程。进一步加强学生基础理论、基础知识、基本技能和基本方法的学习与实践，进行优秀主干课程建设和基地品牌课程建设，重点建设基础较好、适应面广的学科专业基础课、主干课和专业课，使之达到国家精品课程建设标准。

宽口径，就是拓宽学生的专业知识面，把专业设置从对口性向适应性改变，实行宽口径的专业教育，提高学生的综合素质，为社会提供高素质人才。在课程体系建设上，优化课程整体结构，拓宽专业课程交叉培养，提高知识质量，加强大学生文化素质教育，增加弹性教学，改变传统的教学计划。在"公共必修"课程之上可以设置"学科必修"课程，按照分类搭建课程平台，注重文理交叉，在课程体系中设置跨专业课程，强化专业渗透，为学生的宽口径发展搭建学科基础平台，优化学生知识结构，让学生根据自己的专业特长、兴趣爱好和发展趋向自由选择，进一步拓宽专业口径，培养大学生综合素质。

强能力，重质量就是从培养学生全面发展、提高学生综合素质出发，以分析、模拟、影视教学等基本形式展开实践教学，加强课堂内外的实践教学环节，并通过组织社会实践、社团活动、专业实习等实践活动培养学生的务实能力、操作能力，注重学生的人格塑造，充分挖掘学生的潜能，注重培养学生"从一般到个别"的解决能力，着重训练学生"从个别到一般"的调查分析能力，帮助学生养成可行性分析的良好思维习惯，使培养出的学生具备强能力、高质量。

3.注重实践教学

当前，我国高等教育教学投入不足、教学管理环节薄弱、教学创新还需加大力度是高校教学工作存在的主要问题。

积极开展实践教学，要求学校通过开拓各种有效途径为学生搭建实践平台，建立一批相对稳固的课内外学生实习和实践基地，并积极组织学生进行社会实践、调研、实习等活动，逐步培养大学生的敬业精神，培养他们艰苦奋斗的精神和坚韧不拔的意志，有计划、有目的地推动大学生自觉自愿地加强职业道德素养。逐步培养大学生的实践创新能力，积极支持大学生创新创业活动，致力于大学生创新素质的发掘和培养。创新素质主要包括创新意识、创新精神、创新能力等三个层面的内容。在一个创新型国家的建设进程中，这种全新的创新素质正逐渐成为大学生在就业市场竞争中的核心竞争力。

（五）教学模式和方法创新

1.教学模式创新

人才的培养是一个复杂的系统工程，必须不断探索其内在的规律，创新旧的不合理的教学模式，认真细致地研究教学，研究其内在的多重因素：教学理念、教学内容、教学方法、教学模式等，从而掌握教学的规律。因此，突出学生的主体性地位，激发学生的主动参与意识，开发学生的学习潜能，创设民主、和谐的学习氛围，指导学生学会学习，在教学中建立一种和谐的师生关系，可以充分调动学生学习的自发性和积极性，保证学生和谐的全面的发展。

（1）推广研究性教学，培养学生的创新意识。教学从知识传递向注重能力培养的转变，必然要求教学方式方法的变革，推进研究性教学正是深化教学创新的重要路径，也是研究型大学人才培养的一个基本特征。研究性教学是一种将教师自身的研究思想、方法和最新成果引入教学过程的教学模式。通过研究性教学，使教学建立在科研基础上，科研促进教学的提高，教学与科研互动并向学生开放，从而引导学生在参与教学过程中步入科研前沿，激发学生主动思考、主动探索、主动实践的创新意识。研究性学习的过程，是情感活动的过程，通过让学生自发地参与探究性学习活动，获得亲身体验，逐步形成一种在日常生活和学习中勇于探索、努力求知的良好习惯，从而激发探索和创新的积极欲望。研究性学习的过程，就是一个探索的过程，在一个相对开放的环境中寻找问题和探讨解决问题的过程，通过这一过程，可以培养学生的思维能力，培养学生发掘和解决问题的能力，对学生掌握一定的科学的学习方法，增强学生对资料的收集能力、分析能力、总结能力，以及学会利用多种有效手段、多种途径获取信息都有积极的推动作用。研究性学习的过程是一个互动的学习过程，在这个互动的学习过程中离不开学生与团体、学生与学生之间的沟通与合作，可以说研究性学习为学生提供了一个人际沟通与合作的良好空间，为学生分享研究资料、学习信息、创意和研究成果以及发扬团队精神提供了一个很好的交流平台，培养学生学会合作，发现问题，克服困难共同解决问题的能力。

研究性学习的过程也是一个实践的过程，要求学生从实际出发、实事求是，尊重他人研究成果，严谨治学，积极进取。研究性学习的过程也是一个培养学生全面素质提高的过程，通过学习实践加深了对科学的认知以及科学对自然、社会的积极意义与价值，使学生懂得思考国家、社会、人类与世界共同进步、和谐发展的伟大命题，在培养学生的创造能力和实践能力之余还培养了学生形成积极的人生观、价值观。而且研究性学习过程也为学生提供了综合运用各门学科知识的机会，加深了学生对学过知识的重新记忆，加强了学生知识的生活化。

（2）开创互动性教学，提高教学质量。互动性教学就是在教学过程中充分发挥师生双方的主动性，师生之间相互交流、相互探讨，促进师生共同发展，最终优化教学效果共同完成教学目标的一种教学模式。互动性教学可以活跃课堂气氛，而且能够及时反馈学生的学习进度以及掌握知识的规律。互动性教学包括教与学的互动、教学理念的互动、心理的互动以及形象和情绪的互动等等。互动性教学是一种富有生命力的创造性教学，有着现代性、互动性和启发性的特点，它不同于传统的以教师为主的灌注式教学，也不同于放任学生自由学习的"放羊"式教学，它要求教师按教学计划组织学生系统地有目的地学习，并要求教师按学生的发展要求有针对性地因材施教，促进教师努力探索、学习，不断提高自己的专业水准和教学水平，同时激发学生学习的积极性，促进学生个性的发展，提高教学效果和效率，最终提高教学质量。互动性教学以学生为主体，以教师为主导，提倡师生平等的沟通、交流，让学生在没有压力的情况下轻松自由的学习，让学生参与教学计划、教学决策，有利于培养学生自觉学习和主动学习的能力以及创新学习的能力。

2.教学方法创新

进行高等教育教学创新要注重教育思想理念的更新，要符合经济社会发展的需要，要吸取国内外教育专家的理论和经验，要坚持理论联系实践。教师要树立大教学观，积极推进实践性教学，处理好知识教学与技能培训之间的关系，把练习、见习、实习、参观、调查等环节全部纳入到教学范畴，使学生在实践中学会学习、掌握知识，在实践中培养解决问题的能力。在教学中教师可以使用启发式教学法与实践性教学法，根据高等教育教学的目的、内容、学生的学习进度、知识规律和现有知识水平，采取各种教学手段，对学生通过启发、诱导的方式进行知识传授、培养能力，促进学生主动学习的一种教学方法。

启发式教学法是以教师为主导、学生为主体的一种科学、民主的教学方式，它能激发学生的学习主动性和积极性，激起学生的求知欲和探索欲，让学生开动脑筋、积极思考、大胆质疑、主动实践，并在教师的引导下带着问题进行学习研究，找出解决问题的办法，以达到掌握知识的目的。启发式教学法不只是一种简单意义上的教学方法，它更是一种教学理念。因此，为了激发学生的求知欲，为了提高学生的学习兴趣和探索的欲望，以及对学生创新思维的培养，教师应当遵循大学生的认知心理规律，充分考虑学生思维的特性，采用启发式、研究式的教学方法训练学生的思维，从感知和直观开始，不断引出问题，不断创造背景，紧紧抓住学生思维的火花，循序渐进，启发并改进学生的思维方式、学习方法，让学生在不断地探索研究过程中学习，增长知识，训练思维，由被动学习转变为主动学习，最大化地开发学生学习的潜力。

实践式教学法，就是以边讲边练的方式在实践基地中讲授理论课，通过理论与实践相互结合的方式促进师生共同完成教学任务的教学方法。在教学过程中要着重培养学生的学习能力，培养学生获得知识和运用知识的能力，把教师的讲授、辅导过程和学生的自学过程结合起来，把科学研究引入教学过程，培养学生的研究能力和创新意识；指导学生积极参加社会实践，进行社会调查与研究，在实践中学习知识；鼓励学生进行探索创新。教师讲授时要重视知识的集约化、结构化，让学生重点掌握学科的基本知识、基本结构与基本方法，并运用现代化科学技术逐步提高教学手段，提高教与学的效率，改进考试方法与教学评价制度，调动教师的教学积极性和创造性，促进学生自发地主动地学习。在进行教学计划的过程中，教师作为学生学习过程的组织者与协调人，要精心创设情境，根据预定学习任务来制定教学内容，制定一些来源于实践活动的综合性学习任务，然后引导学生独立确定目标，让学生从一开始就参与到教学过程当中，制定学习计划并逐步实施和评价整个过程，形成实践与学习相结合的教学方式。在整个实践教学过程中，教师可以采用讨论式教学法，以及案例教学、项目教学等多种教学方式，激发学生的兴趣，培养学生独立思考的能力以及解决实际问题的能力，培养学生的科学精神、创新意识和独立人格。

不管采用何种教学方法，传授知识、培养能力、提高素质这三者在高等教育创新中都是有机的统一体，也是高等教育教学创新的最终目的，我们要通过教学方法的创新把这三者有机地贯彻到高等教育教学过程中去。我们要树立新的高等教育教学思想：教师要在充分发挥指导作用的同时抽出足够的时间和精力致力于科学研究，学生能够自由独立的学习、思考以及探索所需要掌握的知识（理论和实践），做到教学相长，教法与学法相互联系与作用，共同促进教学效果和教学质量的提高。

总之，在高等教育教学创新中要针对学生的实际情况并结合以上教学方法，才能够提高学生的综合素质，才能进一步提高学生的学习积极性，才能培养出具有一定理论知识和较强实践能力的实用型人才，才能更好地服务于社会。21世纪是全球化的时代，是知识经济的时代，我们要建设高水平高质量的大学，必须树立现代教育教学，坚持以生为本，推动大学教学培养模式、教学内容、教学方法的创新，才能更好地适应高等教育发展的需要，为科教兴国、依法治国服务。

（六）重视大学生文化素质教育

大学生文化素质教育是大学高质量人才培养的重要组成部分，是我国高等教育教学创新的一个重要方面，要将文化素质教育贯穿于大学教育的全过程，进而实现教育的整体优化，最终达到教书育人的目的。大学生的基本素质包括文化素质（含思想道德素质）、专业素质和身体身心素质，其中文化素质是基础。文化是人们所创造出来的物质和精神的成果，是人的活动的对象化、物化，是人观念存在的形式，是超越个人的实物形态或观念形态。一种文化一旦被创造出来，就不再受时间、空间、个人的限制，就会被广泛地传播和使用。文化素质，就是人们所拥有的所有文化知识在内在的积淀，文化素质对于人们的人生观、价值观的形成具有基础性的决定作用，并最终成为行为的指导规范，同样，人们已有的人生观、价值观也会反作用于文化素质。提高大学生素质教育，主要是指文化素质教育及创新精神、实践能力的培养。文化素质教育重点指人文素质教育，主要是通过对大学生加强文学、历史、哲学、艺术等人文社会科学、自然科学方面的教育，以提高全体大学生的文化品位、审美情趣、人文素养和科学素质。

1. 提高大学生文化素质教育的目的和意义

我国要发展，经济是中心；经济要振兴，科技是关键；科技要进步，教育是基础。由此可见，教育在我国发展中的作用和地位，是重中之重。在发展过程中，需要主体——人，是有知识、有文化、有创造力的人，进行社会发展和变革，因此，发展最根本地又被归结为人的发展。高等教育，主要是培育有知识、有文化、创新型人才，高等教育能够产生新的科学知识、新的生产力。高等教育的三大职能之一是发展科学，高等教育在传输知识、培养人才的同时，亦创造新的科学理论。高等教育所培养的不同专业、不同层次的各种文化素质人才在社会生活各领域的作用，将直接、间接地影响全社会的可持续发展，可持续发展的教育观念即是应从全社会可持续发展的角度来审视教育的创新与发展。在高等教育中，我国已从办学体制、投资体制、管理体制、教育教学、招生就业、考试制度等方面进行了多层次的创新，已经逐步走上了一条可持续发展的新的道路。当然这条道路并不平坦，在进行创新的过程中会有诸多的问题凸现出来，其中，提高大学生文化素质教育，显得尤为重要。

2. 观念变化对大学生文化素质的影响

我们生活的时代正处于急剧变革的社会转型时期，人们的生存方式和形态也随之发生了历史性的变化，这一变化深刻而广泛地改变了社会背景和机制，从而使道德的权威性与制约作用受到了很大的影响，甚至呈现出一定程度的弱化。目前，受社会上一些阴暗现象的影响，各种媒介的导向作用，使我国大学生的价值观、文化观都发生了巨大的变化。"价值观是人们对人和事的评价标准、评价原则和评价方法的观点的体系。它具体表现为信念、信仰、理想和追求等形态。一定的价值观反映着在一定生产关系条件下人们的利益需求，决定着人们的思想取向和行为选择。"在经济日益全球化的今天，经济的迅速发展，物质的极大丰富，也在刺激着大学校园，大学生作为最敏感的社会群体之一，其价值观也随之不断变化。

文化观是一个人对待文化的态度。我们要树立正确的文化观，不狂妄自大，不妄自菲薄。经济的迅速发展在短期内大大膨胀了人们的物质需要，而在物质需要达到一定的满足时，精神需求方面的问题就会浮现出来。其中最能体现中华民族优秀传统文化之一的就是它的道德观念。我国传统文化具有非常浓厚的道德色彩，我国古代思想家的思想与理论中充满了道德观点。传统思想文化的突出特点和优点之一就是它的道德精神。而当代大学生恰恰就是缺乏对这种传统道德精神文化的理解、继承和发扬精神，而是把它作为一种过时的腐朽的文化思想，把它和所有的传统文化一并遗弃，抛弃了我们中华民族的传统美德。但是，历史是不能忘却的，社会主义精神文明建设和社会主义的发展离不开我国优秀的文化传统。所谓"有我国特色"，它的主要含义之一就是我国的文化传统。深入研究我国传统文化，发扬其精华，对繁荣社会主义新文化，提高我国人的自尊心、自信心，增强国家凝聚力和提供民族精神支柱等等，是一项不可缺少的基础工程。

3.提高大学生文化素质的途径

提高大学生文化素质教育，必须将文化素质教育贯穿于大学教育的全过程，要求培养出的大学生具备人文科学素质、自然科学素质，具有较强的综合能力，如观察分析能力，研究思考能力，语言、文字表达能力，决策能力，组织能力，处理复杂关系的能力以及应用计算机和现代信息技术进行学习、工作和生活的能力，从而实现教育过程的整体优化，最终达到教书育人的目的。提高大学生文化素质，必须从以下几方面做起。

提高大学生文化素质教育，学校必须转变教育观念，必须进一步加大教育教学创新力度，建立科学的课程体系，创新教学内容和教学方法。首先，转变教育思想和更新教育观念。从目前情况看，我国高等教育继承和保留了科学、严谨、系统化等优良传统，但重理论轻应用，重传授轻能力和缺乏素质培养的现象仍很严重，尤其是学生创新能力的培养和个性的发展，长期没有得到应有的重视和真正的落实。因此，我们要转变教育思想，更新教育观念，在教育过程中要注重对学生创新能力的培养，开发学生的潜力，让学生在受教育过程中享受到创新的乐趣，积极进取，把学生培养成为全面发展的人。其次，构建科学的课程体系，进行教学内容和课程体系创新，充分发挥以课堂教学为主体的导向作用。文化素质不能纯粹以自然的方式在现实生活中靠个体的感悟和体验来获得或提高，而是需要精心设计和安排，以科学而系统的课程体系为支撑，通过发挥课堂教学的主导作用，来实现大学生文化素质教育的目标。总的来说，要全面提高大学生的科学素质与人文素养，在具体教学过程中，应强调人文与科学的自然渗透与融合，必须包括文、史、哲、自然科学等各多学科门类的知识内容来构建多学科交叉的高校课程体系，为培养大学生科学素质和人文素养提供广博而深厚的文化底蕴。强调课程体系的科学性，使大学生通过各种必修课和选修课的学习和探索，形成合理的知识结构和深厚的知识基础。

提高大学生文化素质教育，必须创新人才培养模式，把知识、能力和素质三者有机地结合起来，贯穿于大学教育的全过程，使大学生在这三个方面获得和谐的同步的提高，以期造就出高素质的全面发展的人才。要培养大学生拥有良好的文化素质修养，不仅是传授和灌输文化知识，而且要教给他们获取知识的方法和技能，在获取知识的同时，让能力得到充分的发挥，个人素质得到充分提高，这才是教育创新的最终目的，这才是教育的真正目的。

第二节　教育教学管理创新的策略与评价

一、教育教学管理创新的策略

（一）树立终身教育的教学理念

终身教育、终身学习的思想是近代以来各国教育界乃至思想界的热门研究课题之一，构建终身教育体系、创建学习型社会也逐渐成为联合国以及世界各国指导教育改革和社会发展的基本理念。终身教育论者认为教育具有时空的整体持续性。即教育与学习"时时都有，处处皆在"。传统教育往往将人的一生分割为三个时期，即学习期、工作期、退休期。终身教育则冲破传统教育的观念，认为教育应当包括人的发展的各个阶段及各个方面的教育活动，既包括纵向的一个人从胎教开始直至死亡各个不同发展阶段所受到的各级各类教育，也包括横向的从学校、家庭、社会等各个不同领域受到的教育。[①]因此，要树立终身教育的教学理念，将各类教育形式有机结合，合理配置，创新高等教育的教学模式。高等教育肩负起发展终身教育的重任，依据社会的发展，职业的需求搞好高等教育、岗位培训、知识更新教育和继续教育，尽可能满足社会和经济发展勇于进取各种人才的要求。

（二）拓展德育教学的教学模式

从职业发展理论来讲，高等教育在德育教学上的缺失，将严重影响职场个体的职业发展精神和职业道德素养的培育。但是高等教育对象的特殊性，决定了学员的德育教学的艰巨性、复杂性，一般意义上的德育教学很难达到令人满意的效果，高等德育教学也成为高等教育中最为薄弱的环节。因此，创新基于职业发展理论的高等教育教学模式，应当积极拓展高等教育中的德育教学这一重要组件。

1.拓展德育教学的内容结构

现代德育是以社会现代化、人的现代化为基础，以促进人的现代化为中心，进而促进社会的现代化的德育。现代德育必然要反映现代社会中人自身德性发展

---

① 左嫒嫒，刘红军作.教育管理理论与实践〔M〕.长春：吉林出版集团股份有限公司，2022：117—118.

的要求；反映现代社会发展的要求。因此，围绕高等德育内容的构成上，应该更具广泛性、现实性。职业道德是衡量一个从业者道德水平高低的重要标尺，它影响和决定着人们劳动的态度和方向，成为决定劳动者素质水平的灵魂，在高等教育内容中居于核心地位。在现实社会生活中，人们对于国家政策法规的认识了解尚未普及，甚至存在着无知和漠视，经常出现行为过失，市场经济条件下更应当强调法治意识，运用政策法规来规范社会秩序，维护正当权益，这已经成为高等德育教学的必修内容。另外，高等德育不是向受教育者灌输一些既有的道德知识、道德规范，而是要指导受教育者运用科学先进的价值理念学会判断、学会选择、学会创造。随着科技、经济、社会的发展，人们的生活方式、价值观，包括道德观念、道德准则不断变化，原有的某些道德观念、道德规范有可能过时，不可避免地需要提出一些新的道德准则和规范。例如在科学道德、信息道德、经济道德、网络道德、生态道德等领域特别需要具体的规范，在这些领域特别需要道德的创造。因此，这也应该是高等德育教学的重要内容。

2.拓展德育教学的教学形式

拓展德育教学的教学形式必须充分利用现有教学资源和条件，选取在教学中已经成形的教学方法和模式，进行拓展延伸。一方面，应当充分运用课堂教学，实施德育。课堂教学是学员学习的主要形式。在课堂德育教学实施过程中，根据高等学习的特点，在教学计划和教学内容上，都要做特殊要求，教育内容应该根据市场经济的形势，适时调整德育目标。将以往的"完人道德""圣人道德"调整为"高等道德"教育。教育过程中要坚持先进性和普遍性相统一的原则，立足市场经济的实际，提倡"为己利他"的道德建设目标，把"利己不损人"作为道德底线，并且把健全的人格塑造放在德育工作的首位。同时，注重发挥学员主观能动性，强化课堂师生双向互动，创造轻松、活泼的德育氛围，保证对学员实施有效的德育教育。可以聘请知名专家举办专题报告，作为特殊课堂形式，加强对学员的人生观、职业道德、现代教育教学和传统文化教育。总之，无论课堂内外，德育目标和德育重点应在学员健康人格的塑造上，使学生明了道德建设是人格修养不可或缺的一部分时，他们才能接受我们的教育。

另一方面，利用多媒体教学，强化德育教学效果。传统的授课方式无法满足现代高等教育德育教学的需要。因此，在德育教学过程中，要克服枯燥的德育灌输，代之以鲜活生动的实例来感染学生。通过学生自主的情感判断来塑造道德榜样，唤起对道德善行的崇敬之情，在纷繁复杂的社会现象中找到自己的道德归宿。注重现代教育技术的充分运用以及信息技术与学科资源的整合，充分利用电影、电视、教学录像等信息化、电子化、智能化的多媒体教学手段，借助于这些灵活多样、内涵丰富的声、光、图像等教学形式的直观冲击力，增强学员的兴趣，使学员的认识更加深刻，产生事半功倍的理想教学效果。此外，可以利用函授以及远程教学发挥网络教学的优势，拓展德育教学空间，克服高等教育教学时空上的局限性，整合课堂教学和多媒体教学的优势，充分发挥网络资源在教育教学中的作用：借助网络实施网络教学，可以将专家、学者的精彩专题报告、德育教学录像制作成教学辅导光盘在教学辅导网站上和有条件的教学点进行播放。这一生动、灵活、便捷的德育教学形式克服了高等教育时空上的制约，发挥了网络便捷、高效、涵盖广、辐射面大的优势，最大限度地拓展了德育教学空间，为广大学员提供了全天候德育教学服务。

3.拓展德育教学的评价体系

基于高等教育的特殊性，高等学习者的德育考核评价有别于其他一般的考核，具有自身的特殊性。因此，凡是列入教学计划的内容，可以通过知识考试的手段进行考核评价；对于学员的思想观念的考察，可以通过日常管理中的操行鉴定来考核评价；对于学员的行为考核主要由学员工作单位出具考核鉴定和进行跟踪问卷调查。另外，为了充分调动广大高等学习者的积极性，鼓励他们在思想上、学习上积极进取，可以建立评优奖励制度，进行精神和物质奖励。对表现差的学员进行批评教育。通过长期的探索，以及多年以来高等教学的实践，制订一系列评判原则和标准，建立以职业发展为基础的高等教育德育教学全方位评价体系。使德育从禁锢人的头脑、抑制人的主动性和创造性的灌输性德育，转向开放性的、激发学员自主创造潜能的发展性德育。

4.拓展德育教学的管理网络

高等教育的德育教学是一项复杂的系统工程，必须要动员有主办学校、学员家庭等全方位参与，才能实施有效的组织管理。主办学校根据国家的有关规定，结合高等教育的特点，制订德育教学计划，科学、规范、可行的评价考核标准以及考核措施，如班主任配备、班级临时党、团支部活动安排等，负责德育教学的实施和知识考核。学员居住的社区和学员所在单位承担着对高等学习者的平时监督、检查的作用，负责平时的思想政治教育。高等学习者所在单位具体负责学员日常行为、思想观念等方面的鉴定意见。通过三个环节的协调一致，才能形成高等德育教学的组织管理网络。

（三）确立多元化的教学模式

创新基于职业发展理论的高等教育教学模式，需要以高等教育学员的职业发展需求为导向来设计多元化的教学模式，创造一种超越时空限制的弹性化学习机制。确立多元化的高等教育教学模式，必须体现高等特点并以高等的生活、需要与问题为中心，突出能力培养与多种教学范式综合运用的教学活动与形式。新的教学模式应强调个体的思维能力和动手能力，而非仅仅学习基础知识；强调创新性解决问题的能力；强调培养学生面对快速变革的职业生涯和多元的价值取向所应具有的包容能力和理解能力。

在课程建设目标上，要更加强调综合能力和建立在个性自由发展基础上的创新能力，以克服与全球知识经济发展相悖的"知识本位"课程设置所导致的知、能脱节之顽症。在教育建设中注入科学精神和人文精神，以滋养和陶冶学员的性情，帮助其顺利走上职业发展道路。按照教学对象的细分，我们可以把多元化的教学模式分为学员为脱产生的教学模式、学员为业余生的教学模式、学员为函授生的教学模式。

（四）引入校企合作的教学模式

在高等教育过程中，由于高等学员身份的特殊性，他们往往要兼顾学习和工作的双重压力，难以在两者之间恰当地分配时间、精力，形成较难解决的工学矛盾。另一方面，就职业发展理论而言，高等教育教学模式必须考虑到学员的职业发展需求是以学习专业理论和专业技能为主。为了找到学习和工作之间的平衡点，并提高成教学员的实践动手能力，有必要引入校企合作的双轨制教学模式，以夯实学员的职业发展道路。

1.建立校企联动机制

合作的前提是信任和需求，关键是寻求联动的结合点，否则难以形成合力。从前面的分析中我们已经清楚地意识到，校政企三方都有实施教育的愿望和条件，这就给创建"学校主办、企业和政府协办或督办"的共同办学联动机制铺平了道路，也为实施校政企合作人才培养模式扫清了障碍。对于学校、政府、企业而言，"发展"是大家关注的焦点。因此，校政企联动的逻辑起点应该是"发展"。学校发展主要体现在人才培养，政府（社会）、企业发展需要人才，"人才"就成为双方或多方联动的结合点。要让学校、政府、企业围绕人才培养走到一起，必须建立有效的联动机制，包括管理制度和运行模式。必须建立以现代信息技术为依托的网络交流平台以及信息员联络制度和信息发布制度，畅通对外宣传和信息沟通渠道。

2.规范校企管理模式

双方或多方合作，必须以合同或协议的形式建立一种有约束力的办学关系，明确双方责任与义务，从而确保合作的有效性和规范性。同时，必须充分尊重高等教育规律和高等学员特点以及政府、企业的实际需要，建立以主办学校为主、政府和企业参与的教学管理制度，共同商议、决定重大事宜，合理安排各教学环节，确保教学质量，达到规范性与灵活性的完美结合。在办学实践中，我们实行的是项目管理，即由学校高等教育主管部门和企业、政府负责人组成项目管理组，共同研究制定培养计划、管理制度并组织实施。在具体的教学实施过程中，校政企各方紧密合作，及时掌握教、学情况，有力地保证了人才培养质量。

3.合理设置培养目标与教学计划

高等教育培养适应生产、建设、管理、服务第一线需要的德才兼备的应用型高级专门人才。要实现这个培养目标，关键是要制定一个以较高层次的技术应用能力为主线的培养方案，构建科学、合理的课程体系，确定学以致用的教学内容以及与学员的职业发展，从业岗位密切相关的实践教学环节。因此，必须彻底改变过多地沿袭普通高等教育的人才培养模式，建立"学历＋技能"的学科课程与技能培训相结合的课程体系。学员来自各行各业生产、管理、服务一线，有的还是管理和技术岗位骨干，对职业、技术及其所需知识有着深刻的认识：学员所在单位和部门也希望自己的员工能学有所获、学有所成、学以致用。因此，我们在制定教学计划时，应该充分利用学员及其所在单位这一宝贵资源，让学员和社会各界充分参与到教学计划制定和课程设置中来，使我们的教学计划、教学内容更具针对性和实用性。实践证明，高等教育校政企合作人才培养模式是一种多方"共赢"的人才培养模式，也是高等教育事业可持续发展非常有效的一种模式，随着科技、经济、社会的持续快速发展它必将拥有一个美好的前景。

但是校政企合作之路还在探索之中，许多深层次问题还需我们在实践中不断地探索。如合作模型与运行机制问题、学历教育与技能培训关系问题、学员考核与评价问题等等。我们必须在实践中改革创新，拓宽运作思路，主动走出校门，将高等教育真正办成面向社会的开放式教育，为社会各界、企事业单位提供更好的教育服务。

（五）以学员为教学中心

职业发展理论的核心是职场个体的职业生涯发展，说到底是以人为中心的考量点。因此，基于职业发展理论的高等教育教学模式的创新也应当坚持以人为中心的价值取向。"大学之道，在明德，在亲民，在止于至善""亲民"和"至善"从主客观方面都体现了人本思想。坚持以人为本，树立全面、协调、可持续发展，体现在高等教育教学中主要是坚持以学生为中心，以人的教育为出发点，以人的教育为归属。

这就意味着高等教育的教学评价必须着眼于人的发展，着眼于社会对人的多元化的需求，而不能局限于知识的考核。基于职业发展理论的高等教育教学模式中，要体现以学生为本思想，就必须要尊重学生的评价权，尊重学生对教学过程的选择权，缺乏这两者，就无法做到以学员为本。传统教学领域中占支配地位的认识论观念，不论是行为主义还是认知主义，都属于客观主义范畴。受客观主义认识论支配的教学必然具有控制性质。教学就成了传递固定的、程式化的"客观"知识的过程。高等教育学生在接受教育时，它是不需要被动接受一些本对它没有用的知识，而是需要搜索对自己有价值的知识。他们需要的是一种自我的选择知识和构建知识的权利。因此，创新基于职业发展理论的高等教育教学模式应当坚持以学员为教学中心的价值取向。基于职业发展理论的高等教育教学模式应以学员的实践动手能力为基本的评判标准。众所周知，高等教育与普通高等教育同属高等教育的范畴，它们有共性，但毕竟是两种不同的教育形式，有着它们自身独特的个性。但时至今日，仍有相当多的人以普通高等教育的观念、普通高等教育的模式、普通高等教育的标准来套用、衡量高等教育，力主在质量与规格上应与普通高等教育"同类""同质""同轨"。这在学生的就业与求职中表现得最为明显。用人单位在招聘人员时，对高等教育学生另眼看待不说，录用也是采用统一标准（这也有我国用人体系不健全的因素，包括现行职称评聘考核），从根本上有意忽视了高等教育培养人才侧重点的不同。

二、教育教学管理创新的评价

推进和深化高等教育教学模式创新实践的一个重要命题是如何开展教学方法评价。教学方法评价的缺失或不当，是教学方法创新实践成功的先决条件。因此，建立适合高等教育教学内容、教育对象、教学发展特点的教学方法评价机制，有利于推进教学方法创新实践活动。

高等教育教学方法创新评价是在教学方法常态评价基础上，用来引导和规范教学方法创新活动的手段之一，评价结果反映教学活动中教师所采用的教学方法的科学性、合理性及有效性。进行创新评价或者评价某个教学活动中的教学方法是否具有创新性，至少应该符合以下四项原则之一。

（一）批判性原则

与常态评价不同，考量一位教师的教学方法是否具有创新性，首要的判据不是稳妥、正确，而是方法中的批判性成分，包括该方法对教学内容的常理的、现行结果等是否具有反思维或质疑，对学生的问题意识、探究情怀是否有暗示作用。现行教学方法中的知识讲授、灌输等方法之所以一直被诟病，就在于它忽略了这些知识产生时的无限批判进程，使知识显得苍白，不能培养学生的问题意识和探究兴趣。[①]在评判原则之下，可以有非常多的具体方法，只要它们具备批判属性，

---

① 左媛媛，刘红军作.教育管理理论与实践［M］.长春：吉林出版集团股份有限公司，2022：131—132.

都属于教学方法创新范畴。

（二）挫折性原则

无论是抽象的观念还是具体的方法，但凡具有"新"的本质属性，或多或少存在不被立即接纳和认同的境遇，人类社会在漫长的进化史中，有一个共同的经验就是对于"新"既怀有期盼，又保持着戒备。一种新的教学方法被创设或引进到一个教学情境中，必然会有一定风险、会遇到各种阻力乃至反对，一片欢呼、推行顺畅的新方法十分罕见。教师对于风险的评估以及是否决定推行是为内阻力，而遭遇风险担当风险是为外阻力。无论是内阻力还是外阻力，都是任何新方法所必须面临的挫折。同时，这种方法本身在实施过程中还含有"挫折"意蕴，比如项目教学法就使学生在参与实施新方法的过程中体悟探究和推演的复杂性和艰难，在挫折中寻求成功，进而体会新方法的意义和愉悦感。这种方法也是对高等教育学生进行学术品格培育的有效途径之一。

（三）丰富性原则

有效的教学方法很少是单一性的，通常是多方法的组合运用。评判一次教学活动或者一位教师一贯的教学方法是否具有创新性，应该考察其方法使用的丰富程度。人类在漫长的教育教学历程中，创造了无数的教学方法，其中每一种方法都没有好坏、正误之分，关键是是否适合这种方法的对象与教学内容、教学情境。教学是一种非线性规律活动，每一种教学方法都有其产生的特殊原因，而人类相同原因出现的概率非常少，因此，某一种方法只能在其起源相似条件下才能发挥作用，更多情况下是各种方法的融合与杂交。具有创新性的教学方法必须具有丰富性特点，单一的方法在现今条件下即使具有创新性，也一定非常微观，解决不了常规教学层面的问题。

（四）关联性原则

高等教育教学方法的实现途径随着技术进步发生着快速而深刻的变化，多途径实现教学目的成为现代高等教育教学方法创新的革命性特征，与传统的讲授法、灌输法相比，现代技术带来的教学方法创新突出了技术性优势，从"粉笔加黑板"进化到幻灯、进化到多媒体、进化到网络课堂，有效地提高了教学效率、为交互式教学提供了时空与技术保障，师生教学灵感也能及时得到捕捉和储存等等。但这只是教学方法创新关联性的一个方面，即方法与手段的关联。级联递增式的关联性一定程度否定教学方法的技术元素，完全依赖现代教学技术推进教学方法创新也不妥当，因为人类的教学活动从产生到现在，从来就不是技术的奴隶。尽管现代网络课堂或课程在逐步兴起，这可能从感觉上给世界各地高等教育教学方法掀起一次话题讨论，但通过网络传播"最优"教学方法的可能为期尚远，更多是学校的一种魅力与形象的展示。因此，关联性创新原则要求教学方法不能在技术面前无所作为，也不能搞"唯技术论"，还必须回归教学活动中"教"与"学"的本位开展创新，人是社会生活中最活跃的因素，离开先进技术设备条件依然可以开展教学方法创新活动，比如很多大师成长经验或教学经验中的"点化法"，就屡试不爽，成就了不少人才。对教学方法及其创新性地评价，主体必须是多元的，任何单方面的结论都不足信，尤其是从教学管理角度开展的教学方法及其创新性评价更是有违教学方法的本质要求。高等教育教学方法创新属于学术文化范畴，对于教学方法的评价不属于高等教育的行政管理而是学术管理。学术性评价的主体应该是多重多元的，只有这样才能靠近教学方法以及教学方法创新性的本质。否则，就是对教学方法的机械性误导，极大地扼杀教学方法运用的灵活性和教学方法创新的积极性。[①]

第三节　教育教学管理创新的规律与原则

一、高等教育管理规律

研究高等教育管理，就必须认识和掌握高等教育管理的客观规律。由于高等教育管理是一门新学科，目前还没有科学准确地概括出它的基本规律，但有一些学者对此提出了富有启发性的见解，对高等教育管理规律做了初步探讨。

（一）自然属性与社会属性相统一的规律

高等教育管理的自然属性，是指高等教育管理活动在本质上具有不因社会条件和时代背景而变化的稳定性；高等教育管理的社会属性，是指高等教育管理活动随社会形态的变化和历史发展过程中所形成的特殊个性而呈现不同特征的性质。

1.高等教育管理的自然属性

高等教育管理的自然属性主要表现在3个方面：[②]

（1）高等教育管理的普遍性

即高等教育管理是普遍存在的，不论哪个国家，哪个历史时期，只要存在高等教育活动，就存在对培养高级专门人才的活动进行管理的必要。

（2）高等教育管理的共同性

---

①代静.高等教育管理与教学研究［M］.西安：西安交通大学出版社，2017：174—175.

②林海燕著.教育管理的创新思维与模式探索［M］.北京：中国原子能出版社，2022：182—183.

即高等教育管理在各个历史发展时期都具有明显的共同地方，这些共同点不因国家的政治、经济、文化等差异而有所变更，也不因历史时期的变化而消失。正因如此，中国传统高等教育管理中的优秀部分就被继承和发扬，欧洲中世纪大学的校、院制一直被现代大学所采用，还有其学位制也一直沿袭至今。

（3）技术性

高等教育管理使用的技术和方法一般不受社会制度不同的影响，各国都可以相互借鉴、学习，使用先进的管理技术和手段，如计算机用于高等教育管理等。

2.高等教育管理的社会属性

高等教育管理的社会属性包涵两层含义：

（1）高等教育管理具有历史继承性

即在人类创造历史的过程中，由于社会及自然环境不同，形成的各种地域文化在高等教育管理活动中留下了深深的烙印。这些"印记"在高等教育管理思想和管理信条上表现为不能超越一定的社会文化形态以及人们的社会心理状态，具有"同源文化"的国家和地区，在高等教育管理思想和管理哲学上具有很大的相似性，而"非同源文化"中所产生的高等教育管理思想和管理哲学就存在明显的差异。

（2）高等教育管理具有政治性

因为高等教育管理是与权力关系联系在一起的，高等教育的体制和有些制度、政策总是社会制度和政策的一部分，是为一定的政治服务的。高等教育管理必须也只能在一定的社会历史条件下和一定的社会关系中进行，生产关系的性质不同，生产劳动的组合要素、结合方式不同，管理的社会性质也不同。

高等教育体制、管理政策总是执行和巩固一定的生产关系，实现高等教育目的。比如，以人为本的管理思想正是这一特性的体现。

自然属性和社会属性是高等教育管理活动本身所具有的两种属性，两者处于矛盾统一体中。这两种属性统一于计划、组织、指挥、协调、控制等管理职能上，根本上统一于高等教育管理效益中。

（二）封闭性与开放性相统一的规律

高等教育管理的封闭性，是指在高等教育管理过程中，根据高等教育管理的特殊矛盾而在高等教育系统内部自我运转和良性循环的性能；高等教育管理的开放性是指在高等教育管理过程中，根据高等教育管理的特殊矛盾而在高等教育系统与外界环境相互关系、互相作用中实现物质、能量、信息交换的性能。高等教育系统的"存在"与"发展""必然"和"偶然"的矛盾统一是高等教育管理封闭性与开放性矛盾统一规律的两种典型的表现形态。高等教育的发展理论、权变理论和开放系统学说，都是以遵循这一规律为前提的。

1.高等教育管理的封闭性

在高等教育系统内部，无论进行什么高等教育管理工作，首要的前提就是在相对独立、完整的高等教育系统内部，按照高等教育系统的特定目标而进行优化组合，即在高等教育系统的"投入、加工、产出"的过程中构成一个相对封闭的系统。没有封闭性，高等教育系统就没有相对稳定的环境，任何对高等教育系统的分析及高等教育管理活动过程都不可能存在。这种封闭性是一种客观存在，是为了更好地进行高等教育管理的必然要求。完全封闭的高等教育系统是不存在的，因为完全封闭就意味着与环境不进行任何物质、能量、信息的交换，这样的高等教育系统必然逐渐消亡，所以，高等教育系统和高等教育管理的封闭性又具有相对性。

2.高等教育管理的开放性

高等教育系统，一方面受外界环境的制约和影响，另一方面又对环境施加影响，两者之间存在着物质、能量、信息的交换，这决定了高等教育管理的开放性。这是实现高等教育系统整体特性功能目标的需要，是实现高等教育管理高效益的需要，也是高等教育系统存在和发展的物质基础和基本条件。

3.高等教育管理的封闭性和开放性既相对立、又相统一

（1）高等教育管理的封闭性和开放性是相对的

高等教育管理的封闭性的重点是强调高等教育管理系统目前的"存在"，将人力、物力、财力放在目前"存在"上，影响发展，失去了取得更大效益的机会。高等教育管理的开放性则强调高等教育管理系统的发展上，过分注意高等教育管理系统效益的最优化，忽视系统"存在"，将导致高等教育管理系统的"存在"基础动摇。

（2）高等教育管理的封闭性和开放性又是统一的

高等教育管理的封闭是相对的封闭，是包含开放的封闭，并在开放的封闭中实现自身的优化和发展。高等教育管理的开放是在一定存在基础上的开放，这种开放只有依存于相对独立的、完整的高等教育管理系统，才能和社会环境进行物质、能量和信息的交流，从而建立起新的更能适应社会发展需要的高等教育管理系统。

（三）学术管理与行政管理相统一的规律

在高等教育管理中处处离不开行政管理，如制定高等教育的规划，对人、财、物等资源进行分配和调控，对计划的执行进行检查督促，协调高等教育系统中的各方面使其正常运转等。但在高等教育管理中，学术管理是很重要的方面，学术

水平的高低、学术管理的成功与否，对高等教育管理的水平及其发展有重大影响。因此，在高等教育管理中必须坚持学术管理与行政管理的统一。学术管理与行政管理的不同点主要表现在以下3个方面。

1.指导原则不同

学术管理中要坚持学术自由的原则，提倡百家争鸣，这是学术繁荣的基本条件。学术上的分歧要通过开展充分自由的讨论取得共识，不能由某个权威人物说了算，也不能采取少数服从多数，即所谓的学术民主方法。学术问题只能用学术标准评判，强调科学性，要用科学实验和论证、调查研究、同行专家评估的方法，而不能采用行政管理中行政决断的方法。行政管理中由于存在抓住机遇的问题，所以强调少数服从多数的原则，适时做出决断。但行政管理的重大决策，也要考虑其科学性、合理性，同时更强调要从实际出发，要考虑其可行性，考虑它会产生什么影响和效果。

2.采用方法不同

在学术管理中，要根据不同学科专业的特点采用不同的方法。由于学科、专业、任务的不同，所运用的方法也就不同。因此，学术管理不能采用统一的模式，应该是多样化的管理方式。管理文科和理科的方法不一样，管理专业课和基础课的方法也不相同。行政管理则强调统一，由于它强调从全局出发，发挥高等教育的整体功能，因此，往往用集中划一的方式，用政策法令、规章制度等统一和协调高等教育管理的各方面工作。

3.管理程序不同

学术事务的管理是依靠教授专家实行民主管理。在西方大学中，学科发展方向的选择、学术规则的制定、学术梯队的配制，甚至包括教学研究人员的选聘等问题的决策管理，都由教授讨论会决定。在我国很多高等学校，学术事务管理上的决策，也都吸收教授参与讨论。行政管理是贯彻执行上级指示和领导工作意图，是一种"科层式"管理，强调下级服从上级，从上到下逐级指挥和布置，层层贯彻执行。

高等教育管理中学术管理与行政管理虽然有上述这些不同的特点，但只是相对的，学术管理与行政管理往往是交织在一起的，很难截然分开。特别是随着高等教育日趋大众化，高等学校规模的扩大和内部结构的日益复杂化，高等教育管理的难度也逐渐加大，这必将促进行政管理的强化。在高等教育管理中，要更加注意根据学术管理与行政管理的不同特点，采用不同的方法进行管理，并尽量协调好两者之间的关系，绝不能用行政管理代替学术管理。

（四）过程管理和目标管理相统一的规律

探索管理活动的过程是管理科学的核心问题之一。管理过程是为实现管理目标执行一系列管理职能的动态过程和环节。管理活动按一定的程序，行使其基本职能，形成有序的管理过程和环节，才能顺利地实现管理目标。如果对管理过程缺乏综合分析，就难以揭示各部分管理工作的内在联系。

1.过程管理

高等教育管理过程可以归纳为计划、执行、检查、总结4个环节。

（1）"计划"是起始环节，统领整个管理过程

计划环节包括确定目标、制定若干方案、选择决策、拟定行动计划等。制定计划最主要的内容是确定管理目标。

（2）"执行"是使计划付诸实施

执行环节是管理者在管理过程中实施组织、指挥、协调、控制等一系列管理职能，其内容包括建立机构，完善制度，组织人力、物力，指挥行动，协调关系，教育鼓励等。通过这些手段，协调人、财、物等各种要素的相互关系，使其效能充分显示出来，使计划得以实现，达到既定的目标。

（3）"检查"是对执行的监督和加强

因此检查环节和执行环节是结合在一起的，不是截然分阶段的。检查环节主要是实施管理的控制职能，其重要内容是建立反馈渠道和机构，及时提供反馈信息，以保证计划所规定的目标的实现。检查还能检验计划的正确程度，必要时采取追踪决策，调整计划，修改或补充执行措施。

（4）"总结"是终结环节

是对计划、执行、检查这3个环节的总检验，是用计划目标作为尺度对管理的全过程进行总评价，也是为制订新的计划提供依据，起着承前启后的作用。

由此可见，管理目标统帅、指导着管理全过程，管理过程的各个环节都是为实现管理目标服务的。高等教育管理者在管理过程中，一定要保持清醒的头脑，时刻不忘管理目标，一切为实现管理目标而奋斗，如果成天忙于事务，把手段当成目标，那就会迷失方向。

2.目标管理

目标管理是运用目标指导管理过程的一种管理方法。其内容包括：由管理者和被管理者根据组织的任务共同确定管理目标，包括把总目标分解为部门目标和各成员的个人目标。动员各部门和全体成员自觉地为实现各自的目标而努力工作。用管理目标检查工作的进度和评估工作的成效，根据成果实施奖惩。

高等教育管理过程还有难以控制的特点，原因有以下几点。

（1）学校教育工作的周期性长

管理效能具有滞后性，它的社会效益要在若干年以后才能显示出来。

（2）教师工作决定了其工作方式大多是个体劳动

具有很大的独立性，不像工厂生产物质产品那样按工序进行严格的分工。

（3）高等学校的"产品"（学生）很难定型化、标准化

培养学生的质量不易检验，而且学生还有很大的可塑性，学生的性格、思想、智能也各有差别，在管理过程中要注意因材施教，这也增加了控制的难度。

因此，高等教育管理要把过程管理和目标管理结合起来。

（五）管理与服务相统一的规律

一般来讲，管理具有两方面的职能，一是协调和控制生产关系的职能，二是组织生产的职能。在管理实践中，这两方面的职能就是指管理与服务。两者虽有区别，但又密切联系，相互促进，是辩证统一的。服务工作做得好，有利于加强管理，而科学有效的管理本身就是很好的服务。

在高等教育管理中，必须注意根据高等教育的特点，处理好管理和服务的关系。要正确处理好高等教育管理中管理和服务的关系，关键是正确对待教育工作者，特别是高等学校中的教师。高校教师既是主要的管理对象，又是主要的服务对象。在高校中必须充分理解和尊重教师，因为办好高校，搞好教育管理，主要依靠教师。要尊重他们的人格和个性，理解他们具有个体的劳动方式、喜欢独立思考、遇事求真的思维习惯等特点，对他们的业务成绩要合理评价、充分肯定。

在高等教育管理中，在处理管理和服务的关系时，还必须把对上级领导机关负责和对群众负责统一起来。要管理，必然要按上级指示和规章制度办事，这是应该的，也是容易做到的。但高等教育管理事业的发展，必须依靠广大师生，只向上级负责，看不到群众，必然不会从实际出发解决问题，必然会挫伤教师的积极性，从而不利于高等教育管理工作的开展。

二、高等教育教育管理原则

（一）高等教育管理原则确立的依据

原则是人们对客观规律的认识和反映，是指导人们观察和处理问题的准则。由于规律具有不以人的意志为转移的客观性，因此，作为客观规律反映的原则也应该具有一定的客观性。任何管理活动，总是自觉或不自觉地遵循着某种原则，这就是管理原则。为了使管理活动有效，管理原则必须符合客观规律，并且不断地随着社会的变化而发展。

高等教育管理原则是从事高等教育管理时应遵循的活动准则和基本要求。它是从高等教育管理的实践活动中总结提炼出来的，反映了高等教育管理活动的特

殊性规律和特点。确立高等教育管理原则，既要借鉴现代管理的一般理论，又要充分考虑高等教育管理的特殊背景；既要追求理论上的相对完备性，又要强调对实际工作的指导意义。尤其要分析各原则是否涵盖，以及在多大程度上涵盖整个高等教育管理领域，从而给高等教育管理原则以科学、客观、合乎逻辑的定位。因此从以下几个方面分析高等教育管理原则确立的依据。

1.一般管理客观规律与高等教育管理客观规律

管理存在自身的规律，管理活动必须遵循这些规律。一般管理活动的规律就是管理各基本要素之间内在的本质的联系和管理过程的逻辑关系。现代行政管理学的理论和方法就是对行政管理活动一般规律的认识和反映。行政管理思想经历了工业管理、人际关系、结构主义等发展阶段。教育管理在不同场合、不同程度上借鉴了行政管理思想。例如，人际关系理论注意到员工的积极参与、满意、合作以及士气与团体的凝聚力，有可能使生产效率得到提高。这种思想也影响到教育行政管理人员寻找方法提高教师和学生的积极性和主动性，以期最大限度地发挥他们的创造力。

虽然一般的管理理论与方法对高等教育管理原则的确立有一定的借鉴意义，但管理活动不能脱离事物本身的发展规律，高等教育管理必须遵循高等教育的客观规律，高等教育管理按照高等教育规律的要求，调节和协调高等教育活动中的各种关系，以保证高等教育目标和任务的实现。[1]因此，认识和掌握高等教育的客观规律，是确立高等教育管理原则的客观依据。高等教育的一般基本规律包括两个方面：一是高等教育与社会协调发展的规律，二是高等教育与受教育者身心全面发展相适应的规律。高等教育管理原则必须以这两个规律为前提，才能避免高等教育管理与高等教育工作者之间的对立和冲突，从而最终提高管理效益。与一般的管理活动相比，高等教育活动存在一些特殊规律，它们构成了这门学科专门的研究领域。

例如，经济效益与社会效益的关系、人才培养与科学研究的关系、学术管理与行政管理的关系等。高等教育管理原则的制定与人们对这些特殊规律的认同密切相关。如果把外国管理著作中的理论套用到我国高等教育管理实践中，或者是生搬硬套经济领域的管理理论和原则，就会脱离高等教育的特点和规律，不可能提出正确的高等教育管理的基本原则。

2.高等教育管理活动的特殊性

---

①冉启兰著.教育管理理念与思维创新［M］.长春：吉林出版集团股份有限公司，2020：146—147.

作为管理对象核心的人，高等学校与工厂不同。工厂管理者面对的是工人，工人生产的是没有意识的物品；高等教育管理者面对的是教师和学生。教师既是管理对象又是管理者，他们面对的是有意识的学生。学生既是被教师塑造的"产品"，又参与自身塑造，从这个意义上说，学生也是管理者。因此，高等教育管理中要充分调动教师和学生的积极性和主动性，并为他们创造有利于独立思考、自由发挥的条件和环境。

同时，由于教师和学生都是脑力劳动者，高等教育管理过程以知识为中介，有大量的学术问题，因此要注意行政管理与学术管理的统一。这也是高等教育管理的特殊性。

3.高等教育管理原则的系统性

教育管理原则不应是随机的、零散的，而应构成一个系统，具有整体性、目的性和关联性。

高等教育管理原则体系的整体性在于，各原则围绕怎样提高高等教育管理效率这一目标结合为一体，没有一条原则能脱离原则体系整体而存在。只有存在于原则体系中，每一条原则才有它的功能。而且，原则体系的功能是以整体功能而论，而不以某一条原则的功能而论，原则体系的整体功能不等同于各条原则功能的简单相加。各条原则只有在原则体系整体功能目标即提高高等教育管理效率的指导下，以合理的方式相互联系在一起并充分发挥各自功能，才能保证原则体系整体功能的实现。

高等教育管理原则是从事高等教育管理时应遵循的行为准则和基本要求。高等教育管理原则体系的目的性在于，利用原则指导具体的高等教育管理实践活动，使管理活动更符合客观规律，从而提高高等教育管理效率。高等教育管理原则体系的关联性是指涉及高等教育管理过程的各条原则应该相互依存、相互补充、相互制约。

（二）高等教育管理的基本原则

高等教育管理的基本原则应该是根据一般管理学的原理提出的，同时又特别适用于高等教育管理领域。它们必须全面、准确地反映高等教育管理活动的特点、本质与规律；它们在理论上是完备的，在实际工作中又是切实可行的，能覆盖整个高等教育管理活动领域，普遍有效地指导高等教育管理实践活动。根据上面对高等教育管理原则确立的依据分析，高等教育管理基本原则体系应该包括以下五个方面。

1.高等教育管理的方向性原则

管理是一种有目的的活动，管理工作必然有方向。管理成效的大小，首先决定于方向是否正确。任何管理都是为了实现一定的管理目标。管理目标是管理活动的前提，管理目标体现管理的方向。教育是培养人的社会活动，就其本质来说，教育必须与一定的社会政治、经济相适应，并为其服务。不论什么社会性质的高等教育，培养什么样的人都是一个根本问题，是高等教育目标的核心，它集中体现了高等教育管理的方向。

（1）要坚持社会主义的政治方向

社会主义的高等教育管理，必须坚持社会主义的政治方向。教育是具有阶级性的，任何一种社会制度都要以它的意识形态教育和影响学生。高等教育管理必然受到一定的生产关系和国家的政治经济制度的制约，有鲜明的阶级性。

我国作为社会主义国家，要求高等教育必须以社会主义意识形态教育和影响学生，为社会主义建设培养具有坚定政治方向的建设者和接班人。要明确我国的高等教育是社会主义性质的，要为社会主义服务，坚持社会主义的政治方向。如果不首先明确我国高等教育的社会主义性质，那就谈不上有正确的办学方向。坚持社会主义的政治方向，要有现实针对性。随着信息技术的发展，发达资本主义国家凭借技术优势，作为主要的信息输出国，控制全球信息与通信的命脉，其音乐、电影、电视与软件几乎遍及全球。它们影响着几乎所有国家的审美观、日常生活和思想。

（2）要坚持为社会主义经济建设服务

高等教育要坚持社会主义政治方向，同时要服务于经济建设这个中心，主动适应经济社会发展的需要，从两个角度规定了高等教育的办学方向，各有侧重，相辅相成，两者并不矛盾。

政治方向是从高等教育的社会性质来讲的，服务方向是从高等教育的工作任务和目标来讲的。政治方向规定了服务的社会主义性质，服务方向体现了坚持社会主义政治方向的实际内容。因此，不能说高等教育的方向性只指政治方向，而没有别的内容，这是不全面的。社会主义高等教育的方向就是坚持为社会主义现代化建设服务的方向。

2.高等教育管理的高效性原则

任何管理活动，其基本目的都是为了提高组织系统的效率和效益。管理效率和效益的关系，是与管理目标联系在一起的。目标正确，效率越高，效益越好；管理效益的大小就是在消耗一定的人力、物力、财力和时间等资源的条件下，实现管理目标的。

高等教育管理的高效性原则是高等教育管理本质的直接体现和具体化。它要求以一定的高等教育资源投入，培养和提供更多的合格高级专门人才和高水平的研究成果。或者说，培养和提供一定数量的合格人才和研究成果，投入的高等教育资源要求最少。

高等教育所产生的效益是多方面的，它既能促进生产力的发展，又是巩固政治统治和建设精神文明不可或缺的手段，是社会得以延续和发展的重要条件。这些主要体现在提高劳动者素质和培养人才的数量和质量方面，同时，高等教育在发展科学技术文化方面的作用也是十分重要的。

高等教育是需要大量投入的事业，而发展高等教育的资源是有限的，它靠社会提供，既受社会经济发展水平的制约，也受社会政治制度、管理体制和人们教育观念的制约。因此，高等教育管理既要注重经济效益，即以较少的投入培养更多的人才，注意节省人力、物力和财力，更要注重精神效益、社会效益，即坚持办学的政治方向，全面提高高等教育的质量。

3.高等教育管理的整体性原则

高等教育管理整体性原则既决定于高等教育系统的整体性，又受制于培养高级专门人才的高等教育目的。高等教育管理的整体性原则可表述为，以培养人才为中心，科学地组织各方面工作的有效配合，并充分地考虑社会环境中诸因素的影响。

高等教育的根本任务是培养人才。培养人才不仅要组织好教学工作，还必须有思想教育工作、师资培养工作、科学研究工作、后勤管理工作等与之配合。除了培养人才的职能以外，高等学校还有开展科学研究的职能和直接为社会服务的职能。高等教育管理的目标和内容，不是单一的教育、教学活动的管理，而是包括教育、科学研究和直接为社会服务等活动的综合管理。不论是培养人才、开展科学研究和为社会服务，都与社会系统紧密相关，都必须与社会经济、政治、科学文化相适应，因此，必须把高等教育管理放在整个社会环境中考虑。

（1）高等教育管理要以培养人才为中心

各方面活动的开展都要服从于培养人才这个首要任务。

1）就政府对高等教育的宏观管理来说，首先要做好培养人才的决策和宏观控制，包括人才培养的预测规划、总体规模、发展速度、结构布局等，以及通过组织、计划、协调、立法、拨款、检查评估等手段，保证培养人才的数量和质量。

2）就高等学校的管理来说，各部门的工作都要面向学生，教学和思想教育工作要遵循人才成长规律，科研、生产工作要与教学工作结合，后勤工作要为教学和科研服务，而不能各自为政，各行其是。

（2）要处理好教学和科研的关系，使两者相互结合相互促进

教学是高等学校培养人才的主要方式和基本途径。但是，不能把教学工作仅理解为课堂讲授。

1）教学活动既包括通过课堂讲授使学生学到间接知识，也包括指导学生获得

直接知识和掌握学习方法。因此，教学是传授知识、发展智力、培养能力和形成良好思想品德的综合过程。

2）科学研究是培养人才的重要途径，把科学研究引入教学过程是高等学校教学过程的一个重要特点，它能给学生创造全面发展智能的环境和条件。

3）学生通过参加科学研究能够有目的地、主动地学习，完成研究任务所需要的理论知识；进行积极思维，在实践中发展各方面的能力，培养创新精神；还能培养学生养成严谨的治学态度、踏实的工作作风和团结合作的精神；能更好地促进师生之间教与学两方面的信息交流，使教师对学生了解得更深入更具体，有利于实行因材施教，更好地发挥学生的特长和主动性。

4）开展科学研究还能够提供高等学校教师的学术水平，充实和更新教学内容，改进教学方法，使教学质量不断提高。因此，不应该把科学研究和教学对立起来，而应该使两者互相结合，互相促进。高等学校教学传授给学生的知识，是前人实践经验的系统总结。科学研究正是在已有知识的基础上探索和总结新的知识，进一步加深对客观世界规律性的认识。因此，从人们的认识活动来讲，只有开展科学研究，把生产实践和科学实验的成果总结成各种理论体系，使人们不断地获得新的知识和能力，才有可能进行各门学科和专业的教学。

从这个意义来讲，科学研究是"源"，教学是"流"，科学研究总是走在教学的前面。在教学中给学生讲授的理论知识，并不需要也不应该要求教师都通过自己的研究实践进行总结和积累。但是，现代科学技术的发展日新月异，高等学校的教师如果不通过开展科学研究，及时了解和掌握本门学科和相关学科的最新动态和发展趋向，而仅停留于传授现成的书本知识，那就不可能提高教育教学质量，培养出适应现代科学技术迅速发展和现代化建设需要的合格人才。

（3）发展科学技术文化，是高等学校的重要任务

随着现代科学技术日新月异的发展，高科技向现代生产力转化越来越快，高新技术产业在整个经济中的比重不断提高，科技在经济发展中的作用越来越大。21世纪是高新技术迅速发展的新时代，我国改革开放和现代化建设进入承前启后、继往开来的关键时期，国家的经济建设和社会发展比以往任何时候都要更加倚重于科技进步。在这种形势下，高等学校特别是重点大学的科学研究工作更应大大加强。

（4）直接为社会服务也是现代高等学校的一项重要社会职能

高等学校的培养人才、开展科学研究、为社会服务这三项职能是互相联系、相辅相成的。开展各种形式的社会服务，有利于加强学习与社会的联系，增进对社会需求的了解，增强主动适应经济发展和社会发展需要的能力；有利于高等学校的教学更好地理论联系实际，培养锻炼学生解决实际问题的能力，提高教学质

量；有利于进一步发挥学校的潜力，充分调动教师职工的积极性和主动性，通过有偿服务，为学校筹集一部分资金，以弥补办学经费之不足，用以改善办学条件和师生员工的生活条件。

但是，高等学校必须以培养人才为中心。衡量学校工作的根本标准是培养人才的质量和数量，绝不能只看经济收益的多少，搞短期行为，而不顾教学质量和学术水平。

因此，一定要处理好培养人才与直接为社会服务的关系。必须统筹兼顾，加强管理，对收益进行合理分配，有利于调动各方面的积极性，特别是在教学第一线工作的教师的积极性。

4.高等教育管理的动态性原则

任何事物都是处于不断变革之中的。管理过程是一个不断发展变化的动态过程。管理对象内部诸要素是不断发展变化的，它们之间的关系也在不断发展变化着，管理系统的外部环境也是变化、发展的。因此，管理过程的实质，就是根据管理对象和条件的变化、发展，对其相互关系作出相应的调整，以实现整体目标。

管理活动与管理对象、管理环境之间有着本质的、必然的联系。高等教育管理过程中要完成的任务、组织的结构、用来完成任务的技术和参与的人员都处于动态之中。

（1）高等教育活动必须按照管理的基本原理和原则进行，保持管理的相对稳定和应有的秩序。

（2）高等教育管理的对象、内容、方式、手段都在变化之中，要求运用高等教育管理原则时有灵活性。

高等教育管理的动态性非常明显。随着现代科学技术的发展，社会对高等教育的需求在不断变化，社会给高等教育提出的条件也在不断地变化。高等教育要为社会服务，必须主动提高适应经济社会发展需要的能力。这就要求高等教育必须不断改革、创新。高等教育体制改革的目标，就是逐步建立使学校具有主动适应国民经济和社会发展需要的有效机制。就高等学校本身来说，学生每年有进有出，教师队伍也需要适时补充和调整，教学和科研的设备也在不断地更新。经济体制改革、政治体制改革和科技体制改革的深化，对高等学校不断提出新要求。

因此，高等教育管理的动态性原则可表述为，通过不断的改革以主动适应经济和社会发展的需要。动态性原则要求人们做到以下几点。

（1）以发展的战略眼光看问题

任何事物都不是静止不变的。只有改革才能促进教育发展，教育要发展则必须不断地改革。

（2）处理好变革与稳定的关系

在变革不适应部分的同时，要继承高等教育合理的内核。既不能墨守成规、抱残守缺，坚持既成的体制和维持现状，也不能全盘否定以往的经验。

（3）要注意不能朝令夕改

尤其在高等教育改革方面要持慎重的态度。高等教育管理的动态性，从根本上讲，是由高等教育必须与社会的政治、经济、科技、文化的要求相适应这一基本规律决定的。由于社会是不断发展的，高等教育也必须随着社会的政治、经济、科技的发展不断地改革，以适应社会发展的需要。高等教育管理对象和外部条件的这些变化，管理工作中不断出现的新情况，需要不断地总结新经验，解决新问题。

以上四条原则是高等教育管理的基本原则，是普遍适用的。方向性原则反映了我国高等教育管理的性质，从根本上确立了社会主义高等教育发展的大方向，规范了高等教育的培养目标；高效性原则指出了管理工作的本质特点和根本要求；整体性原则反映了管理工作的基本要求；动态性原则指出完善管理工作的根本途径。它们相互制约、相互促进，共同指导高等教育管理的全部活动，构成了一个完整的原则体系。在实际工作中，贯彻这些原则是紧密联系、相辅相成的。[①]

---

①王宝堂.当代高校教育管理与实践路径研究［M］.青岛：中国海洋大学出版社，2018：181—182.

参考文献

［1］王宝堂.当代高校教育管理与实践路径研究［M］.青岛：中国海洋大学出版社，2018.

［2］代静.高等教育管理与教学研究［M］.西安：西安交通大学出版社，2017.

［3］关洪海.高校教育管理与创新实践研析［M］.北京：冶金工业出版社，2019.

［4］刘思延.高校教育教学管理实践与创新发展［M］.哈尔滨：哈尔滨出版社，2021.

［5］郭亦鹏.高校教学管理信息化建设［M］.长春：吉林大学出版社，2016.

［6］刘萍萍，何莹.现代高校教育教学管理现状与创新发展［M］.北京：中国原子能出版社，2021.

［7］孙连京.高校教学管理理论与实践［M］.南昌：江西高校出版社，2019.

［8］郭晓雯.高校教育教学管理创新发展研究［M］.北京：北京工业大学出版社有限责任公司，2019.

［9］班秀萍，叶云龙.全面质量管理与高校人才培养［M］.长春：东北师范大学出版社，2017.

［10］李效宽，王文平.人工智能背景下高校教育教学管理的创新发展［J］.科技资讯，2022，20（09）：187-190.

［11］徐良，王玲.应用型院校学生完全学分制教育教学管理探索［J］.中国成人教育，2022（05）：20-23.

［12］周瑞花.在教育教学管理中如何培养学生的创新能力［J］.中国教育学刊，2022（07）：104.

［13］陆菁菁.基于创新能力培养的高校教育教学管理［J］.科教导刊，2021

（05）：24-25+73.

[14] 孙华.高校教育教学管理变革创新的必要性及可行性建议 [J].科技视界，2020（30）：96-97.

[15] 祝爽.高等教育教学管理的观念变革和实践创新 [J].创新创业理论研究与实践，2018，1（14）：52-54.

[16] ."多维融通、科技赋能"多元化创新教学模式 [J].贵州农机化，2023（01）：65.

[17] 郭琦.大学创新创业教育课程内容研究 [D].北京工业大学，2018.

[18] 姜燕.浅谈高校教学管理创新途径 [J].长春师范大学学报，2021，40（11）：146-148.

[19] 刘杨武，罗萍.基于高校创新能力培养目标下的教育教学管理路径 [J].黑龙江教师发展学院学报，2021，40（08）：4-6.

[20] 陆菁菁.基于创新能力培养的高校教育教学管理 [J].科教导刊，2021（05）：24-25+73.

[21] 白燕奇.新时代应用型高校创新型教学团队建设研究 [J].产业与科技论坛，2020，19（22）：283-284.

[22] 孟秀燕.新课程背景下深化农村教育教学管理改革有效性——评《教育教学管理与改革》[J].热带作物学报，2021，42（02）：618.

[23] 裴炳智.浅谈高校教学管理创新的必要性与对策 [J].才智，2020（03）：40.

[24] 孙华.高校教育教学管理变革创新的必要性及可行性建议 [J].科技视界，2020（30）：96-97.

[25] 惠雯.研究生教育教学管理理论与实践研究 [J].食品研究与开发，2021，42（01）：237.

[26] 王云白.以人为本理念下高校教育教学管理模式探讨 [J].大学，2021（06）：45-46.

[27] 郭新.信息化背景下高校教育教学管理的创新发展 [J].产业与科技论坛，2020，19（16）：249-250.

[28] 闵杰.浅谈新时期做好高职教育教学管理的路径 [J].中国多媒体与网络教学学报（中旬刊），2020（08）：164-166.

[29] 张珣.浅谈人本化视域下大学教育教学管理方法 [J].广东蚕业，2019，53（11）：140-141.

[30] 孙炜.高校教育教学管理的观念变革和实践分析 [J].才智，2019（33）：43.

［31］王玉玫.大学创新型人才培养教学方法分析［J］.北京教育（高教），2018（01）：72-74.

［32］王洪才.论大学传统教学与大学创新教学［J］.苏州大学学报（教育科学版），2017，5（04）：10-19.

［33］解德渤.大学创新教学的实践误区及反思［J］.中国大学教学，2018（08）：70-74.

［34］赵光锋，解德渤.我国大学创新教学的误区、难点与突破［J］.高校教育管理，2017，11（04）：113-118.

［35］方梦驰，刘贝贝.大数据背景下的大学教学管理创新［J］.产业与科技论坛，2021，20（24）：283-284.